子どもの生活を支える
相談援助

田中利則／小野澤昇／大塚良一
|編著|

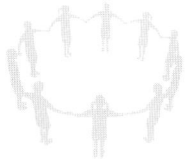

ミネルヴァ書房

はじめに

　わが国の近年の少子高齢化や経済の不安定さのなかで，高齢者の介護や医療の問題，あるいは子どもの貧困や虐待の問題が，さまざまな場面で散見されるようになってきている。また，全国にまたがる無戸籍，住民票のない子どもの問題は，彼らの生命や存在の意味を否定しかねない，危うい問題として取り上げられている。

　これらの状況のなかで，社会に保育士として貢献する目的をもって社会に飛び出す学生は，子どもや家族の心地よい生活が送れるように支援を行うことを期待されて保育所の現場に立つことになる。特に，これまでの保育所へ通う子どもやその保護者ばかりではなく，地域で暮らしている子どもやその家族員の抱える育児力や生活力を高めるための支援を期待されている。これらの理由から，保育士は通所している子どもや保護者への子育て支援のほかに，「保育相談支援」や「相談援助」を遂行するために，保育や子育ての知識の他に生活保護制度や精神保健福祉，あるいは障害児・者福祉に関する知識や技術を身につける必要に迫られている。

　この時流は，2008（平成20）年4月の社会福祉士や介護福祉士養成カリキュラムが改定されたことに始まっている。保育士養成課程においては，2010（平成22）年7月に厚生労働省がカリキュラムの改正を行い，これまで「社会福祉援助」という科目としてシラバスを作成していたものを改定した。同時に，2010（平成22）年度から施行されている保育指針を受けて，新たに「保育相談支援」と「相談援助」の2科目に区分けしたシラバスを作成し，子育て支援の充実を図る意図から，相談領域の知識や技術の獲得をする方向性を目指すことになった。この方向性は2001（平成13）年の児童福祉法改正により，保育士が児童福祉法第18条の4にもとづいた国家資格となり，子どもの保育と保護者に対する保育に関する支援や指導という業務を行う資格であることが規定されたことから，子どもや保護者支援の基本を学ぶことになったことが背景にある。

本書は，これらの目的に内包する形で「相談援助」の基礎と演習を学ぶ意図をもって作成している。一般的に相談援助は基礎となる，個別援助技術（ソーシャルケースワーク），集団援助技術（ソーシャルグループワーク）からなる直接援助技術と，地域援助技術（コミュニティワーク），社会福祉調査（ソーシャルワーク・リサーチ），社会福祉運営管理（ソーシャルウェルフェア・アドミニストレーション），社会福祉計画（ソーシャルプランニング），そして社会活動法（ソーシャル・アクション）などで構成されている間接援助技術がある。くわえて，「ネットワーク」や「チームアプローチ」などの方法・技術も社会福祉に関する援助技術として重要なものになっている。しかし，本書においては，直接援助技術の領域である子どもや保護者の相談を行う個別援助技術（ソーシャルワーク）と，子どもが保育所での学びにつなげられる，あるいは保育士が有する保育技術や関連分野の知識を保護者に身につけさせるための集団を活用した集団援助技術（ソーシャルグループワーク）に注目した記述をしたいと思う。保育士になる者にとって，「相談援助」という分野は子どもの生活や発達を取り扱う保育系の科目としては，取り組みづらい分野である印象を受けるかもしれない。しかし，家庭や家庭内の人間関係，家族員の心身などの状況が安定していないと，子どもの成長や発達は期待できにくくなりやすくなる。その視点からすると，彼らのかかえる問題や課題を解決・緩和に導く「相談援助」における技術や知識を身につけることは重要である。保育士を目指す人たちには，これらの意義を念頭において学んでいただきたい。

　なお，「相談援助」では，ニーズをもつ人たちのことを「クライエント」と呼ぶのが一般的であるが，引用文・表以外は保育士が理解しやすいように，「利用者」，あるいは「来談者」，「被相談者」という用語に統一することにした。また，「ソーシャルワーカー」と一般的にいわれる相談を受ける立場にある者を「相談者」，あるいは「保育士」，「保育者」，「支援者」に統一している。さらに，「障害」という言葉は，「障がい」や「障碍」などの用語は使用しないで，法律用語はそのままの用語を使用することにした。くわえて，「子ども」の表記に関しては，2013（平成25）年度の文部科学白書では「子供」の文字が使わ

はじめに

れているが，本書では「認定子ども園」や「子どもの権利条約」等のように，現状としては「子ども」の表記が一般的であると判断して統一して使うことにした。それから，本書のタイトルは「相談援助」であるが，保育所や児童福祉施設などの現場では「援助」という用語より，「支援」や「支援者」，「支援計画」などの用語が一般的に活用されているので，これらの用語については，現場でスタッフが使っている「支援」や「支援者」，「支援計画」などの用語を使用することにした。

2014年10月

編著者一同

子どもの生活を支える
相談援助

目　　次

はじめに

第1章　現代の子どもの生活環境の変化 …… 1

第1節　子どもの生活環境と家族　1

（1）子どもの生活環境と家族の変化　1

（2）現代の子どもの生活の変化　3

第2節　相談支援にともなうさまざまな生活課題　4

（1）家族の生活に関する生活課題　4

（2）保育士の支援活動　9

第3節　子どもの生活を支援するために必要な相談援助活動　12

（1）子育て環境の混乱から生じる相談事例　12

（2）子どもや保護者の障害や特性から生じる相談事例　13

（3）子どもの生活環境の劣悪さや人間関係の歪から生じる相談事例　14

第2章　相談援助活動の理解 …… 18

第1節　保育と相談援助　18

（1）保育所の役割　18

（2）日常の保育のなかで　19

第2節　相談援助の意義と効果　21

（1）保育における相談援助の意義　21

（2）子育てに関する支援　22

（3）権利擁護としての相談援助　24

第3節　機能と役割　24

（1）人と環境と相談援助　24

（2）相談援助の機能　26

第4節　相談援助の体系　27

（1）直接援助技術　28

（2）間接援助技術　28

第5節　相談援助を行う際の視点と心得　30

（1）相談援助の価値　30

　　　　　　　　　　　　　　　　　　　　　　　　　　　目　次

　　　（2）相談援助の視点　*31*
　　　（3）相談援助のニーズ　*32*
　　第6節　相談援助の実践領域と相乗効果　*33*

第3章　相談援助の基本的な技術と心得……………………*35*

　　第1節　相談援助の原則と基本的な技術　*35*
　　　（1）相談援助の原則　*35*
　　　（2）基本的な技術　*37*
　　第2節　面接活動とコミュニケーション技術　*39*
　　　（1）コミュニケーション技術　*39*
　　　（2）面接活動の理解　*41*
　　　（3）面接を行うための技術　*44*
　　　（4）保育現場で面接を行う際の留意点　*45*
　　　（5）家庭訪問を行う際の留意点　*46*
　　第3節　相談援助者に求められる資質と専門性　*47*
　　　（1）自己理解と他者理解　*48*
　　　（2）専門性と倫理　*49*

第4章　保育士に求められる基本的な姿勢……………………*51*

　　第1節　子どもや保護者の意思の尊重——個別化の原則　*51*
　　　（1）かけがえのない存在　*51*
　　　（2）尊重するための姿勢　*53*
　　　（3）一人の人間として　*53*
　　第2節　子どもや保護者の感情表現の理解——意図的な感情表出の原則　*54*
　　　（1）気持ちを理解する　*54*
　　　（2）理解するための姿勢　*56*
　　　（3）感情表現を大切にする　*57*
　　第3節　保育士自身の感情調整——制御された情緒関与の原則　*58*
　　　（1）売り言葉に買い言葉　*58*
　　　（2）感情調整するための姿勢　*60*

vii

（3）感情を伝える　61
第4節　受容の意味とその方法——受容の原則　61
　　　（1）受容とは　61
　　　（2）受容するための姿勢　63
　　　（3）受容に立ちはだかる壁を越える　64
第5節　子どもや保護者の発言や行動の理解　64
　　　（1）発言と行動　64
　　　（2）理解するための姿勢　66
　　　（3）望ましくない行動への対応　66
第6節　意思の尊重と自己決定の促進——自己決定の原則　67
　　　（1）「自分で決める」ということ　67
　　　（2）自己決定促進のための姿勢　68
　　　（3）自己決定の制限　68
第7節　守秘義務，守秘義務に求められるもの——秘密保持の原則　69
　　　（1）守秘義務とは　69
　　　（2）守秘義務のための姿勢　70
　　　（3）職場の守秘義務　71

第5章　相談援助の具体的な展開過程　73

第1節　相談援助活動のあり方　73
　　　（1）相談援助活動の理解　73
　　　（2）相談援助の展開過程の意義　75
第2節　相談援助の展開過程の実際　77
　　　（1）ケースの発見　77
　　　（2）インテーク（受理）　79
　　　（3）情報の収集と整理　82
　　　（4）アセスメント（事前評価）　85
　　　（5）支援目標の設定およびプランニング（支援計画の策定）　87
　　　（6）インターベンション（支援の実施，介入）と
　　　　　　モニタリング（経過観察）　89
　　　（7）エバリュエーション・ターミネーション（エンディング）　95

目　次

第6章　相談援助における記録 …………………………………… 101

第1節　記録の意義と目的　101

（1）支援の質の向上　102
（2）支援の専門性の向上　102
（3）証拠書類として　103

第2節　記録の種類　104

（1）ケース記録　104
（2）報告書　106
（3）その他の記録　107

第3節　記録の方法　108

（1）筆記による方法　108
（2）電子メディアを用いる方法　113

第4節　作成と管理上の留意点　114

（1）記録作成上の留意点　114
（2）個人情報保護　117
（3）電子化にともなう注意点　117

第7章　相談援助の質を高めるためのアプローチ方法 ………… 121
　　　　──できる実践モデル・アプローチ

第1節　治療モデル・生活モデル・環境モデル　121

（1）治療モデル　121
（2）生活モデル　122
（3）環境モデル　122
（4）3つのモデルと課題のとらえ方　122

第2節　心理社会的アプローチ　126

（1）心理社会的アプローチとは　126
（2）「状況のなかにある人間」をとらえる　126

第3節　問題解決アプローチ　128

（1）問題解決アプローチとは　128
（2）来談者の「問題」を支援する　129

第4節　ストレングス・モデル　132
　（1）ストレングス・モデルとは　132
　（2）来談者の「強さ」を活かす支援　132
第5節　エンパワメント・モデル　134
　（1）エンパワメント・モデルとは　134
　（2）来談者の「内在する力」を活かす支援　135

第8章　相談援助の専門家・関係機関との連携……138

第1節　連携の必要性　138
第2節　チームアプローチ　140
第3節　ソーシャルネットワーク　142
第4節　専門家との連携　144
　（1）ケースカンファレンス　144
　（2）スーパービジョン　146
　（3）コンサルテーション　148
第5節　関係機関との連携　149
　（1）社会資源の理解・活用　149
　（2）関係機関との開発と連携　151

第9章　保育士とソーシャルグループワーク……154

第1節　グループワークとは何か　154
　（1）グループワークの意義　154
　（2）グループワークの機能と構成要素　157
第2節　保育所内におけるグループワークの有効性と活用　158
　（1）グループワークの有効性　158
　（2）グループワークの活用　159
第3節　グループワークの原則　160
　（1）個別化　161
　（2）受容・共感　161
　（3）参　加　161

（4）体　験　*162*
　　　（5）制　限　*162*
　　　（6）継続評価　*162*
　　　（7）支援者の自己活用　*162*
　第4節　グループワークの展開過程　*163*
　　　（1）準備期　*163*
　　　（2）開始期　*163*
　　　（3）作業期　*164*
　　　（4）終結期　*164*
　第5節　グループワークの実際　*165*
　　　（1）事例①　保育所におけるグループワーク　*165*
　　　（2）事例②　児童館におけるグループワーク　*165*
　　　（3）事例③　児童養護施設におけるグループワーク　*166*

おわりに　*169*
索　引　*171*

第 1 章
現代の子どもの生活環境の変化

本章のポイント

　家族や子どもの支援をすることが期待されるようになった現代社会においては，社会や家族の状況に関心をもつことは重要なことです。これらの状況のなかで，地域との関係や家族関係，あるいは親族関係が希薄化する事態が生じ，相互支援の関係性を維持できなくなった理由から，それぞれの家族や子どもに問題や課題が生じた際に，解決したり緩和したりする手法を有する相談相手が必要となってきています。これらの時流のなかで，保育士は社会福祉士や精神保健福祉士等と同様に，保育や療育の役割のほかに家族や子どもを対象とした「相談援助」を遂行することが期待される状況下にあります。

　本章ではこれらの背景となった家族や子どもの変化，生活課題，あるいは，支援活動の必要性，相談援助の実際などについて記述してみたいと思います。

第1節　子どもの生活環境と家族

（1）子どもの生活環境と家族の変化

　子どもがこの世に生をうけて，一人前の大人に成長していくためには，育つ環境が整っている必要がある。この環境といわれるものは，家庭であり，地域社会であり，制度化された居場所である保育所や幼稚園，あるいは学校などである。子どもはこれらの環境のなかで，年齢や能力に相応するかたちで多様な

経験をすることによって，人間としての成長や発達を遂げていくことになる。

　子どもは生物学的な存在としてこの世に生まれ，家庭的，あるいは社会的な存在として，育児や保育・教育が施されるなかで，知性や理性，社会力を内在する人間として成長していく過程をたどる。これらの背景のなかで，生まれて間もない乳幼児の生活環境が子どもの心と身体の成長や発達にとって重要であることは周知のことである。特に，家族の環境や特徴，母親の愛情やかかわり方は子どもに与える影響は大きいものがある。家庭の経済力や母親・父親の学歴，夫婦関係の質，家族員個々と子どもとの相互作用の内容や質・方向性などの要素は，子どもの成長や発達，性格形成，人生設計などに影響を与えかねない強いインパクトを有している。

　しかし，わが国の社会が高度経済成長を遂げる段階で，核家族化や母親の就労機会の増加などの理由から，これまで母親を中心とした家庭で育てられていた乳幼児の多くが，保育所で実施されている**延長保育等促進基盤整備事業**や**家庭支援推進保育事業**などを柱とする子育て支援事業を活用する状況を迎えている。そのために，子どもと親，あるいは親類縁者との関係の密度の低下を招いているきらいがある。

　また，家庭に次ぐ子どもの成長や発達の重要な要素である地域社会の環境も都市化・産業化が進むなかで，八百屋や魚屋などの商店が店じまいし，郊外型の大型スーパーが物品の販売の役割を担うことになったことから，店主や店員と家族や子どもとのかかわりが少なくなり，これらの人間関係が一層希薄なものとなってきている。

　くわえて，家族や子どもの生活の場所の変化は顕著となっている。特に，人口の6割が東京近辺の都市部に集中する時代を迎えて，地方では過疎化が進み，夫婦となる数が極度に減少している背景から，子どもの数も激減し，遊び相手を探すことがむずかしくなったり，友だち関係を形成したりする人数などが限定される事態を迎えている。一方，都市部では，一戸建て住宅に住む家族や大型の団地，あるいは高層マンションで暮らす家族など住まいの形態はさまざまであるが，隣近所の関係を維持している家族は限定されている印象が強い。

これらの状況のなかで，子育てに関しては親や親族，近隣のインフォーマルな関係のなかで共有されることが困難な事態を迎え，子育ての役割の一部を保育所が担うケースが一般的な形態となりつつある。また，これらの時流のなかで，親の養育力の低下も目立つようになり，子育てをする負担感に耐えられない夫婦や精神的なふらつき，あるいは虐待不安（虐待をふくむ）を抱える母親の増加も垣間みられるようになっている。

（2）現代の子どもの生活の変化

　かつての子どもはゆっくりとまとまった時間のなかで集中して集団で行動し，それらの時間をとおしてさまざまな事象を学習していくプロセスをたどりながら成長したり発達したりするのがつねであった。また，同性や異性，異年齢の子どもたちと遊びやスポーツをとおして，いろいろな経験を積み，「異性と同性のちがい」や「年長者と年少児の相違」「さまざまな分野の技術や知識の差異」「筋力や体力，巧緻性の優劣」などに関する知識や情報，感覚を体得したものである。しかし，現代の子どもたちは，稽古事や塾などによって生活時間が分断化され，子ども同士で一緒に過ごす時間をさきにくい事態に陥っている。くわえて，遊びの内容や質も変わり，デジタルゲームやスマートフォンのアプリを活用したツールを用いて一人で遊ぶ機会が増えたり，自宅から出なくても会話がたのしめたりするデジタル機器の普及が進んでいる。これらの理由から，子ども同士がプライベートな時間を共有する機会が激減している。そのために，屋外で群れて遊ぶ時間が減少し，遊びを通じた体力づくりや社会性，感性，創造力の開発のチャンスを失う事態に陥っている。

　また，子どもの生活スタイルが大人の生活スタイルに類似する「夜型」の生活形態に近づきつつある。そのために，子どものなかには体内時計に支障が生じてしまう者も時折散見され，保育所のスケジュールに適応できない事態が生じている。これらの児童に関しては，へたをすると，**自律神経失調症**などの病気に陥る危険性を内在していることから，健康の維持・向上のために，子どもの生活スタイルの改善が緊急課題となっている。

第2節　相談支援にともなうさまざまな生活課題

(1) 家族の生活に関する生活課題
1) 経済的な課題
　近年，わが国は産業構造が変化し，工業やサービス業を中心とする社会に変貌した。くわえて，多くの企業がグローバル化を推進する状況にあり，雇用形態や賃金体系の改革が遂行され，雇用形態は年功序列を柱とする形態から能力主義を主にしたものが中心となり，その結果として非正規スタッフや派遣社員などの不安定な雇用へと移行されている。

　これらの状況のなかで，都市部で生活する家族が増え，核家族が進行している理由から，負担感の多い労働で苦しむ保護者が増え，子育てを夫婦のみで担わなければならなくなっている事態が散見される。また，パートナーと離別して一人で子育てをする母親，あるいは父親も増えている。くわえて，**デフレ**を起因とした景気の低迷や消費税，環境税，復興税などの導入などがはかられ，実質的な給与の増加は見込めない状況が家庭の安定感にゆらぎを生じさせている。これらの理由から，国民の経済状況は悪化し，相対的貧困率は年々上昇傾向にある。特に，就学援助を受けている小学生・中学生の割合も上昇傾向にあり，貧困家庭の子どもの学力低下も注目すべき課題となっている。

　なお，子どもの貧困状況に関する情報について，以下の「コラム1」に記述する。

コラム1

子どもの貧困の現状

　平均的な所得の半分以下の世帯で暮らす子ども（18歳以下）の割合が，2012（平成24）年時点で過去最悪となる16.3％に達しています。これまで「子どもの貧困率」は，1985（昭和60）年時点の調査では10.9％であったものが，毎年のように微増ながら上昇を続け，2012（平成24）年の調査においても過去最悪を更新しています。この数値を学校の教室に当てはめてみると，1クラス30～40名学級において，5～6名の児

童・生徒が貧困に苦しんでいることになります。

　この背景には,「生活保護世帯の増加」と「非正規雇用」というデフレを起因とした景気の低迷による弊害が一因になっています。また,離婚に伴う「ひとり親世帯」の増加により,子どもの貧困率悪化も一因とされています。

出所：厚生労働省「平成25年国民生活基礎調査」。

2）夫婦間のドメスティック・バイオレンス

　ドメスティック・バイオレンス（以下，DVと略す）とは，家庭内の（Domestic）暴力（Violence）のことである。DVは，親密な関係にある人から受ける暴力である。親密な関係のなかで発生するものとは，すなわち夫婦，親子，恋人から受ける暴力のことをいう。暴力の内容としては，①殴る，蹴る，髪を引っ張るなどの身体的暴力，②怒鳴る，おどす，人前で馬鹿にするなどの精神的暴力，③無理やり性行為を強要する，避妊に協力しないなどの性的暴力，④生活費を渡さない，仕事に行かせないなどの経済的暴力，⑤行動を監視して制限する，個人的なつきあいを妨害するなどの社会的隔離に分類される。

　2009（平成21）年の内閣府の「男女間における暴力に関する調査2」では，身体的暴行，心理的攻撃，性的強要のいずれか1つでも受けたことが何度もあったと答えたのは，女性10.8％，男性2.9％，1～2度あったと答えたのは女性22.4％，男性14.9％であった。過去5年以内にDVの被害を受けた既婚女性は13.6％，男性8.5％に及ぶ。被害女性の相談先は，家族や親族，また友人や知人が，ともに27.6％，医療関係者（医師，看護師等）3.2％，警察2.2％，民間の専門機関は1.6％であり，医療関係や警察および専門機関の利用率は低い数値となっている。

　DVに関する配偶者からの暴力が関係する相談件数等は，2013（平成25）年度に内閣府男女共同参画部が行った調査をもとに分析すると，日本語が十分に話せない被害者や障害のある被害者からの相談もふくむかたちで増加傾向にある。

　くわえて，DVは，パートナーにとっては，きわめてつらい，かつ精神を害するリスクの多い犯罪行為であるが，当該の夫婦とともに暮らしている子ども

にとっては「虐待行為」にあたるので，家族や子どもにとっては重要な問題である。なお，夫婦間のDVが子どもに与える影響については，以下の「コラム2」において記述する。

コラム2

DVが子どもに与える影響

　子どもは，父親であれ，母親であれ，DVをはたらく親の姿をみて，要求や欲望は暴力で解決すればいいのだと学習したり，被害者が父親であれ，母親であれ，大人は暴力でいうことを聞かせればいいのだというまちがった経験値が子どもの心身に刷り込まれたりする場合もあります。また，両親の間でののしる言葉が飛び交う場面が多いケースでは，おだやかで親密な家族関係がつくれなくなってしまいます。そのために，子どもは父親と母親との関係のなかで，どちらも信頼できずに失望してしまう傾向にむかいやすくなります。あるいは，両親の暴力を介した関係に気持ちが引き裂かれ，その結果として，感情的な安定感はつくれなくなる危険性が高まりやすくなります。

出所：チルドレン・ソサエティ『虐待とドメスティック・バイオレンスのなかにいる子どもたちへ――ひとりぼっちじゃないよ』明石書店，2005年，および，バンクロフト・ランディ『DV・虐待にさらされた子どものトラウマを癒す――お母さんと支援者のためのガイド』明石書店，2006年を参考にして筆者作成。

3）離婚の増加

　わが国は1992（平成4）年にバブル経済が崩壊してから，デフレを要因とする景気の悪化や社会環境の変化とともに離婚率が高まる傾向にある。また，母親の社会進出の推進や男女の価値観の変化は離婚の大きな誘因となっている。離婚の特徴としては，同居年数が比較的短い夫婦の離婚が多いことが挙げられる。参考までに，2011（平成23）年度の厚生労働省雇用均等・児童家庭局家庭福祉課の統計をみると，離婚率は1,000人に対して1.87であるが，離婚件数を同居期間別にみると，同居期間は減少傾向にある。

　日本の夫婦の離婚の傾向として，離婚後の子どもの親権者のおおよそ8割が母親であることが挙げられる。多くの先進国が離婚後の共同親権や共同監護が認められているなかで，わが国では単独の親権しか認められていないという制約がある。そのために，養育は母親が中心に行われるという意識が強い背景が

あることから，一方の親と離別せざるを得なくなった子どもは両親の離婚が成立した時期にきわめて大きなストレスを抱えることになる。このストレスは両親が離婚する以前からのアンビバレント（相反する）な関係のなかで生じるものであるが，離婚が実体化することによって，その負の関係は一層強まり，別居する一方の親との分離をともなう対象喪失の経験をすることで，子どものストレスは最高潮に達する事態に陥りやすくなる。ひいては，親子の愛着関係も不安定になりやすい。

　子どもが一方の親を失うことは，これまでの日常生活のバランスが崩れることを意味していたり，これからの生活を営むうえでの子どもの発達段階に影響を及ぼしたりする危険性を内在している。また，子どもにとって，親の離婚を要因とする転居や住居環境の変化は住みなれた地域や親しかった友人，知人との別れや喪失などの負の経験をすることになるので，無気力になったり引きこもりになったりするという非社会的な行動に陥ることもあり得る。

　一人親家庭の経済は逼迫しやすい。特に，母子家庭の収入は不安定である。具体的には，母親一人の総収入の平均は2009（平成22）年では291（就労収入：191）万円（3.42人）となっている。参考までに，父子家庭の平均総収入について着目してみると，総収入の平均は455（就労収入：360）万円であり，同年齢の一般男性の総収入と比較すると，開きがあるように思うが低い収入におかれている。[1]

４）家庭内の問題と機能不全

　家庭はさまざまな機能をもっている。たとえば，家庭は「ほっとする場所であること」，つまり，子どもにとっては親の愛情で十分につつみこまれる居場所である。また，家庭とは気楽に過ごせる，普段着のままで，ありのままの自分でいられる，それが家庭という居場所なのではないか。

　この家庭機能が不安定な家庭があるとすれば，「のびのびできない，いつもの自分でいられない」，ある意味で病巣を隠しもった，ストレスフルな家庭であると考えるのが相当である。その家庭ではそれぞれの家族員が居場所として活用できないほど家庭機能が不完全になる。つまり家族のシステムが崩壊して

いる，くわえて多問題を内包した家庭になってしまっている。たとえば，片方，あるいは両方の親が不倫に走ったり，アルコールや薬物の依存症になっていたり，パチンコや競馬などのギャンブルに夢中になっていたりしている家庭がある。また，何らかの理由で家庭内に硬い雰囲気が流れていたりしているとか，両親や嫁姑の関係がギクシャクしていたりしている，さらに，介護度の高い祖父母と同居していて家族員の生活リズムが不安定な状況下におかれているなどの理由から，家族員同士が不仲でけんかが絶えない，あるいはけんかはしないけれども冷たい雰囲気がただよっている家庭は，やはりそれぞれの家族員にとっては不健康な雰囲気に包まれる状況下にある。

　これらの事態に陥ると，子どもたちに与える影響はきわめて大きい。その影響が直線的に表面化しないケースがみられる。たとえば，家庭内で生じている負の環境の全体像が理解できないなかで，親や兄弟を守るために，あるいは少しでも家庭内の雰囲気をやわらげようとして懸命に努力する子どもの姿がみられる。具体的には，わざと道化師のようにおどけてみせたりする子どもがいる。また，家庭の負の因子について無頓着な表情を示しながら両親の顔色をうかがい，あるいは保育所でできの良い子を演じて，両親をよろこばせることによって不仲を和らげようとしたりする子どももいる。あるいは保育所で問題児を無意識のうちに演じ，アンビバレントな関係にある両親に家庭の崩壊の危機を暗に知らしめようとするケースも散見される。

　なお，家庭内にさまざまな問題があり，家庭の機能が不全に陥ることに関する子どもへの影響についての情報は「コラム3」に記述する。

コラム3

家庭内の問題で機能不全になった際の子どもへの影響

　家庭の機能が不全に陥った場合に，子どもの精神的・肉体的な成長は対人関係のなかで対象となる子どもが，たとえば，お母さんを疲れさせてきらわれないように気づかいをする，あるいは不愉快な思いをさせて意図的にお父さんが暴れたりしないように試みることがあります。これらの子どもの行為は，人間関係のひとつのもち方に相違ありません。しかし，これらの行動を一度身につけすぎてしまうと，いかなる場面

> においても自分を抑えなければいけない気がしたり，何でも引き受けなければいけないと思ったりして，対象となる子どもが生きにくい生き方を身につけてしまったりすることが危惧されます。
> 　そのなかで，機能不全に陥った家庭の子どもに対して配慮しなくてはならないのは家庭で生まれ，成長するプロセスのなかで生き抜いていくために身につけた処世術や手法を自分の家庭外で使おうとすると，機能不全の家庭で身につけた能力がその人を生きにくくさせる場合があるので適切な配慮が求められます。くわえて，自分自身に対しても等身大で自己理解できない見方を身につけてしまうこともあり得るので，自己否定感が強くなり，自分自身の人生を支えることがむずかしくなる危険性が高まりやすくなります。
>
> 出所：ロビン・ノーウッド／落合恵子訳『愛しすぎる女たち』中公文庫，2000年，21～22頁を参考にして筆者作成。

（2）保育士の支援活動

1）支援の対象

　保育士の支援の対象は，一般的には保育所に通所している乳幼児や親などを対象としていると思われがちである。しかし，「相談援助」では，通所児やその家族を対象とすることにくわえて，地域で暮らしている子育て家庭をもふくむと考え，支援する必要のある人たちに対して，さまざまな福祉制度や社会資源を活用しながら，情報を分析し，支援計画を練り，介入の実施を行うことが期待されている。

　それでは，相談援助の対象者には，どのような人たちがいるのであろうか。多様な角度から検討するとさまざまな対象者が想定できる。特に，わが国は資本主義を柱とする社会で暮らしている。また，近年はグローバリゼーション化が進み，多かれ少なかれ，国家同士の政治的，あるいは経済的な関係性などの影響をまともに受けてしまう構造が自然発生的につくられ，社会福祉の問題をわが国のみの範囲で考えることはむずかしい時代を迎えている。したがって，近い将来，さまざまな国々から保育の仕事を担う人びとが参入してくることも考えられるし，保育サービスを受ける子どもや親もさまざまな国々の人たちが保育所の利用者になる機会が増えてくることは明らかな事態である。

保育士が相談援助を遂行する場合の対象者は，相談援助を実施するか，あるいは，他の相談機関につなぐ役割を果たすのかは別として，この社会のなかの活動に参加できにくい状況を抱えている。たとえば，障害のある人たちや難病などの病気のために働けない人，一般的な経済活動を行えない子ども，あるいは老人などには社会福祉サービスを活用したフォーマルな支援が必要であり，地域の社会資源やボランティア，隣人・知人などのインフォーマルな支援も不可欠となる。

２）支援の実際

　保育士が実際に相談援助を行う機会は限られている。なぜなら，保育所という現場は，子どもに保育や教育を施すことを主な業務としており，相談業務の主な内容は子どもや親の問題の相談に応じるのが精一杯の状況におかれているからである。しかも，都市部の保育所においては定員一杯か，定員をオーバーしている保育所も散見され，支援計画のもとに保育実践を遂行することさえ容易ではない状況にあるからである。そのために，保育所における年間計画やプログラム，あるいは詳細な個別支援計画を作成していないところをしばしば目にすることがある。以下に示すエピソードは，これらの保育所について知ることができる学生に関するものである。

エピソード

保育所に就職を希望する保育士養成校の学生の言葉

　夏休みが終わり，後期が始まったばかりの頃に，ユカさん（仮名）は就職先の相談に佐山先生（仮名）の研究室を訪れた。彼女は，「いくつか保育所を見学したのだけれど，どこも特色がなく，迷いました。でも最後に見学したあすなろ保育所（仮称）は，年間のスケジュールがしっかりしていて，また，毎週のカリキュラムや個別の支援計画も的確に作成しているので，初心者の私には，学びの場所になるかと思って採用試験を受けようかと思ったのですが，先生はどう思われますか」とお茶で喉をうるおしながら，佐山先生に語りかけてきた。すると，佐山先生は，「保育養成校で教員を始めて13年になるが，カリキュラムや支援計画が的確にできているから，保育所に就職をしたいといったのはユカさんが初めてです。その視点は大切だと思います。あとは求人票をみて，さまざまな待遇についても確認してから採用試験を受けるか，否

> かを決めてくださいね」といって，佐山先生とユカさんの就職相談の会話は終わりました。
>
> 出所：筆者作成。

　これらの保育所の状況を背景として，実際の保育所・保育士の活動はきわめて多忙である。したがって，「保育相談支援」や「相談援助」のために割く時間は限られている。ルーチンワーク（日常業務）の多忙ななかでの親をはじめとする保護者との相談は，通所時の10分と退所時の10分がショートの相談の時間といわれている。年間をとおして，30分以上の相談があるのは，各保育所でまちまちだが，平均すると5〜6ケースというのが実態である。

　これらのケースのなかで，一番配慮が必要なのが「虐待不安」，あるいは「発達不安」であるといわれている。また，地域性もあるが，保育所では，保育士の教え子同士が結婚している例もあり，かつ彼らの子どもが通所しているケースでは，時折，「離婚相談」や「DV相談」，「経済相談」などを受けることもあるが，現実的には，保育所・保育士では手に負えない事例が多いので，これらの相談援助のなかで難解なケースは児童相談所や福祉事務所，保健所，警察の生活安全課，法テラスなどとの連携のなかでの相談援助が必要となる場合が多い。

　これらの相談援助の内容は，通所していない乳幼児の家庭における相談内容も通所している乳幼児の家庭も似通った相談が多いことから，地域の相談機関や社会資源との連携は欠かせない状況にある。特に，近年，親をはじめとする保護者の経済状態がきびしくなってきている状況下にあることから，保育士が生活保護制度や一人親を支援する各種制度についての情報に関心をもっていることは必要不可欠である。また，保護者のなかに，精神神経科に通院しなくてはならない者が増えている状況にある理由から，保健所や精神神経科のある総合病院との連携は欠かせない。

第3節　子どもの生活を支援するために必要な相談援助活動

（1）子育て環境の混乱から生じる相談事例

　子育てにおける環境の不安定さは子どもの心身の安定や発育に強く影響する。やはり子どもの発育に重要なのは，親や周囲の人たちが乳幼児に示す愛情と発育に応じた栄養と家庭内や地域社会の環境の適切さである。これらのテーマにもとづいた事例を以下に記述する。

┌─ 事例 1 ─

人前で話すことができなくなった少女

　春樹さん（仮名：当時21歳）と弥生さん（仮名：当時19歳）は，経済的に余裕がない状況のなかで，結婚し生活を始めました。式も行わず，結婚は入籍のみで済まされ，記念の写真さえ撮られていません。しかも，婚姻後は，経済的な理由から，春樹さんの父親の一夫さん（仮名：当時53歳）と母親の典子さん（仮名：当時52歳），そして，祖母の敏江さん（仮名：当時78歳）と同居するかたちで結婚生活を営み始めました。春樹さんは弥生さんと知りあうまでに，高校に3回入学したものの，すべての高校を中途退学しています。彼が中途退学をした理由は，中学時代の非行仲間との縁が切れなかったからです。

　春樹さんは弥生さんとおつきあいをするようになり，悪い友人関係とはようやく縁が切れ，人が変わったように働き始めています。仕事はA工務店の下働きです。彼は働きながら，同時に通信教育の高校に通い，そして24歳のときに高校を卒業しています。また，同時に2級建築設計士の資格取得のために夜間の専門学校に通い，26歳のときに2級建築士の資格を取得しています。春樹さんは33歳まではA工務店で勤務し，退職と同時に独立し，双方の支援を受けてB工務店を設立しています。春樹さんと弥生さんとの間には結婚後に，瑞樹ちゃん（仮名：現在11歳）と秋穂ちゃん（仮名：現在7歳）が誕生しています。

　春樹さんの事業経営は順調に推移し，家庭生活は安定しています。ところが，弥生さんが午前中のみのパートをしている生活であることから，春樹さんの両親が祖母の90歳になった敏江さんの介護（要介護度5：特別養護老人ホーム入所待ち）を弥生さん（現在31歳）に任せきりにするようになってしまいました。このような状況に陥った理由から，家庭の雰囲気は一変していきます。春樹さんの父親である一夫さん（現在65歳）と母親の典子さん（現在64歳）は，「これまで春樹さん・弥生さん夫婦の生

活を支えてあげたのだから，祖母の敏江さんの介護くらいはしてほしい」といい，夫婦で老後をたのしみたいという意向から外出・外泊することが多くなってしまいました。これらの理由から，弥生さんは毎日パート勤めをしながら，2人の子どもの育児や家事，祖母の介護を同時にこなさなければならない事態に陥り，疲れ果てる日々が続くことになりました。そのために，弥生さんはストレスが溜まり，感情のコントロールが効かなくなってしまい，イライラすることが多くなりました。そして，少しずつ春樹さんとの考えや生活観の相違が目立つようになってきました。その結果として，夫婦間に亀裂ができてしまい，弥生さんが春樹さんと口をきかない日々が続くようになっていました。また，春樹さんは自宅にいるのがおもしろくないのか，夕食時間になっても帰宅しないでたびたび外食をすることが日常化し，自宅では寝るだけの生活が続くようになりました。くわえて，時間が経過するにつれて，春樹さんと一夫さん・典子さん親子の関係もギクシャクして行きました。

　ところが，ある日，瑞樹ちゃんの学校の先生から，「瑞樹ちゃんが学校で先生や友だちが語りかけても声を出さなくなってしまった」「自宅ではいかがですか」との電話連絡を受けました。くわえて，日が経つにつれて，自宅での瑞樹ちゃんの口数は激減し，母親の耳もとでひそひそ話をする程度になってしまいました。母親は瑞樹ちゃんの現状を心配して，小学校の先生と相談し，児童相談所を瑞樹ちゃんとともに訪れて，相談することにしました。

出所：筆者作成。

（2）子どもや保護者の障害や特性から生じる相談事例

　相談援助の仕事をしていると，ささいなもめごとや予想もできない出来事，あるいはクレームが人間関係のなかで生じるのはつねである。これらの負の人間関係は，小学校や中学校などの教育機関でもしばしば生じる事態である。特に，子どもを保育したり教育したりする機関と保護者間で生じる人間関係の問題発生は大してめずらしくない。いわゆるモンスターペアレントといわれる保護者と教員や保育士との問題である。モンスターペアレントといわれる保護者の根拠がとぼしいクレームが，教師や保育者の業務に支障をきたす，とりわけ教師・保育士がそれに巻き込まれて精神的なダメージを受けることが顕著になったのはこの十数年の間にみられるようになった現象である。これらのテーマにもとづいた事例を以下に記述する。

---事例 2 ---

モンスターペアレント

　井山さん（仮名：女性35歳）には生後 7 か月の美香ちゃん（仮名）がいます。ある日，井山さんがさくら保育所（仮称）に向かう自家用車の途中で美香ちゃんが大便失禁をしてしまいました。車内でのオムツの交換は乳幼児の身体には危険で，子育て中の保護者にはやってはいけない重要事項となっています。しかし，彼女は保育所に着いてから母親自身が取り換えると会社に遅刻しかねない状況にあります。そして，彼女の頭のなかで，「保育所には保育士がいるのに，なぜ保護者がオムツを交換しなくてはならないのか」という素朴な考えが頭に浮かびました。それで，数日経って，美香ちゃんが大便失禁をしたので，「オムツを交換する時間がない」ことを主任の佐藤さん（仮名）へ伝えてみました。すると，主任の佐藤さんから，「朝は保育士が手不足のため，保護者のみなさんにオムツ換えをしていただいているのですが，何とか，お母さんがオムツを換えていただけませんか」と言葉を返されました。その言葉を聞いた井山さんは，「オムツの取りかえのために会社を遅刻し，処分を受けた場合には，市役所や保育所に賠償をもとめることができるのか，また，遅刻証明書など法的に効力をもつ証明書の発行ができるのか」と佐藤さんに激しい口調で罵倒し，市役所の福祉部保育課へ電話をしました。そして，さくら保育所についての苦情を散々いわれました。くわえて，どこで情報を得たのかわかりませんが，佐藤さんの自宅に夜中の 2 時，3 時に苦情の電話をいくどもかけてきたので困ってしまい，市役所の福祉部保育課の部長と相談のうえ，警察の生活安全課に相談することにしました。

　出所：筆者作成。

（3）子どもの生活環境の劣悪さや人間関係の歪から生じる相談事例

　子どもは，日常的に，「困難」や「苦難」に出あいながらも，心の支えを周囲から得ることにより，その状況に応じた他者選択を行っており，さまざまな対人関係を使い分けている。家庭環境が安定しているほど，対人ネットワークは広範囲である。また，人間関係にあって未成熟な対人関係しかない乳幼児期は居場所が複数あることが望ましい。くわえて，その居場所の人間関係や相互のバランスは安定している必要性がある。これらの状況のなかで，子どもは自己肯定感をもつことができ，自己理解が進むことにつながることになる。

　そして，子どもが成長するにしたがって準拠集団（関係集団）や社会集団に移行していくことが可能となる。

―事例3――

親の暴力で精神的に不安定になった子ども

　長女の香ちゃん（仮名：6歳）と長男の優斗ちゃん（仮名：5歳），そして次男の和ちゃん（仮名：3歳）はきょうだいです。父親の勝さん（仮名：30歳）は大工で，きびしい父親です。母親の幸さん（仮名：28歳）は，やさしい人柄であるが，夫の勝さんには頭があがらない状況にあります。幸さんは，サラリーマンの普通の家庭環境で育ちました。しかし，父親の勝さんはシングルマザーの郁美さん（仮名：当時23歳）から生まれましたが，産後の肥立ちが悪くて，勝さんが生まれて2週間後に彼女は死亡しています。父親はいまだにだれだかわかっていません。これらの事情から，勝さんは，郁美さんの叔父にあたる正一さん（仮名）に育てられています。正一さんは，大工さんであったことから，彼に一人立ちをしてほしいと思い，きびしい職人教育を行いました。

　勝さんは，これらの状況のなかで育てられた理由から，自分にも他人にもきびしい職人になってしまいました。そして，幸さんと出会い，3人の子どもをさずかりました。

　しかし，勝さんは自分が育てられた環境や文化と異なる環境で養育された幸さんとは，子育ての面ではことごとくぶつかりました。勝さんは状況によっては子どもに暴力を振るうことさえみられます。特に，長女の香ちゃんの育て方では，勝さんと幸さんの意見が大きくちがっています。勝さんは女の子も男の子と同じようにきびしく育てたほうがよいと思っています。一方，幸さんは，男の子も女の子も幼い頃は親の愛情で包み込んで，やさしくしてあげるほうがよいと考えています。

　このような状況のなかで，長女の香ちゃんが，勝さんが大きな声をあげると，自制が効かなくなり，尿失禁をたびたびするようになりました。また，勝さんにしかられる，しかられないに関係なく，つねにまぶたをはげしくパタつかせる症状がみられるようになりました。これらの状況に危惧を感じた幸さんは友人の保健師の祐子さん（仮名）に相談しました。すると，「情緒障害」，あるいは「チック症」になっている可能性があるから，児童相談所を訪問して検査してもらい，必要な場合は精神神経科か，心療内科の診察を受けたほうがよいというアドバイスを受けました。そして，別れ際に「ご主人は子育ての仕方が理解できていないのではないか」との問題提示を祐子さんから受けました。

出所：筆者作成。

【用語解説】

延長保育等促進基盤整備事業……特別保育事業の一つで，母親の就労にともな

い，延長保育に対する需要の増加に対応するため，保育所が自主的に延長保育に取り組む場合に補助を行うことにより児童の福祉の増進を図ることを目的とするものである。本事業の実施主体は市町村（特別区をふくむ。以下同じ）とする。

家庭支援推進保育事業……家庭環境に対する配慮等保育を行ううえで，特に配慮が必要とされる保育所入所児童が対象児童の40％以上である保育所に対し，最低限配置しなければならない保育士のほかに別途保育士を配置することにより対象児童の支援の向上を図ることを目的とするものである。

自律神経失調症……不規則な生活や習慣などにより，身体を働かせる自律神経のバランスが乱れるために起こるさまざまな身体の不調のことである。症状としては，体の一部が痛くなったり具合が悪くなったり精神的に落ち込んだりなど，人によってさまざまである。また，患者によってはいくつかの症状が重なって現われたり，症状が出たり消えたりする場合もある。

デフレ……デフレーション（Deflation）の略称である。継続的に市場のモノの値段が下がり続け，経済全体が収縮していくことを意味している。モノの値段が下がると給与が下がり，給与が下がると消費が控えられ，そうなるとモノが売れないので，モノの価格がさらに下がるという悪循環が続く形態を辿る。

【振り返り問題】

1　貧困家庭で育てられている子どもを見分けるにはどのような点について観察したほうがよいか，グループに分かれて意見交換してみよう。
2　夫婦間の離婚のプロセスが子どもにどのような影響を与えるのかについて，テキストを参考にまとめてみよう。
3　家庭の機能が不全に陥ることが，子どもにどのような影響を与えるのかについて，テキストを参考にしてまとめてみよう。

〈引用文献〉
(1) 厚生労働省雇用均等・児童家庭局家庭福祉課「ひとり親家庭の支援について」, 2014年。
(2) 田中利則・米山岳廣・阿部和子・大久保秀子・長島和代「保育所における家族援助の実態に関する研究」『湘北紀要』, 第30号, 2009年, 21〜38頁。

〈参考文献〉
相澤譲治・井村圭壮『社会福祉の相談援助』久美出版, 2012年, 8〜44頁。
泉川孝子・入江安子・豊田淑江「看護職におけるDV被害者との遭遇と支援の実態調査」『Core Ethics』, Vol 18, 41〜51頁。
泉ひさ「親の離婚が子どもに与える心理的影響」『アカデミア』人文・社会科学編, 第59号, 南山大学, 1994年, 177〜197頁。
小野澤昇・田中利則・大塚良一編著『子どもの生活を支える家庭支援論』ミネルヴァ書房, 2013年, 1〜27頁。
厚生労働省「平成25年国民生活基礎調査」。
小林育子『演習 保育相談支援』萌文書林, 2010年, 13〜21頁。
菅原真由美「医療機関におけるドメスティック・バイオレンス被害者支援に関する実態調査」『こころの健康』, 2010年, 25号(2), 44〜51頁。
汐見稔幸・田中千穂子監修／上田勢子訳『親の離婚──居場所を探して』大月書店, 2004年。
チルドレン・ソサエティ『虐待とドメスティック・バイオレンスのなかにいる子どもたちへ──ひとりぼっちじゃないよ』明石書店, 2005年, および, バンクロフト・ランディ『DV・虐待にさらされた子どものトラウマを癒す──お母さんと支援者のためのガイド』明石書店, 2006年。
内閣府「子ども・子育て新システムに関する中間とりまとめ」, 2011年。
日本学術会議『我が国の子どもの生育環境の改善に向けて──生育時間の課題と提言』, 2013年。
野田愛子「親の離婚が子どもに及ぼす長期的影響」『ケース研究』, 1998年, 256号, 2〜14頁。
橋本佑子『家庭支援論』光生館, 2011年, 20〜30頁。
春見静子・澁谷昌史編著『相談援助』光生館, 2011年, 46〜53頁。
横倉聡・田中利則編著『保育の今を問う相談援助』ミネルヴァ書房, 2014年, 31〜37頁。
ロビン・ノーウッド／落合恵子訳『愛しすぎる女たち』中公文庫, 2000年, 21〜22頁。

(田中利則)

第2章
相談援助活動の理解

> **本章のポイント**
>
> 相談援助活動とは，専門的な知識と技術をもった人が何らかの困難を抱えている人に助言・指導を行う活動のことです。相談援助（社会福祉の実践的活動）の一つでもあります。
>
> 本章では，保育所，社会福祉施設で働く保育士が身につけておかなければならない，相談援助活動の基本的事項について学ぶとともに，保護者や子どもたちをどのようにとらえるか，そしてどう支援していくのかについて学んでいきます。

第1節　保育と相談援助

（1）保育所の役割

　保育所保育指針の第1章総則3　保育の原理では目標として，子どもにとって「望ましい未来をつくり出す力の基礎を培う」重要な時期として乳幼児期をとらえ，それを保障する保育所生活が必要であるとし，「保育所は保護者の意向を受け止め，子どもと保護者の安定した関係に配慮し，保育所の特性や保育士等の専門性を生かしてその援助に当たらなければならない[1]」としている。さらに保育所の社会的責任として，保護者や地域社会との交流や連携を図ること，適切な説明をすることを義務づけている。つまり保育所の保育士に求められている業務は，乳幼児の発達保障としての保護養育などの子どもへの直接的な援助と支援。利用している子どもの保護者への子育て支援，そして子どもに

とって良好な成育環境地域とするための支援といえる。それは保育所は保育内容やその業務を地域に伝えること。地域の人が利用しやすい施設として，地域の人や地域の他の機関と子育てを一緒に考える取り組みを行うこと。またそのために多くの人と交流と連携を図ること。地域のなかの子育て家庭に対して支援が行われるように，気軽に相談できる場となることなどが保育所に必要とされている。

　保育所あるいはそこに勤務する保育士は，地域の子どもの発達を保障するための最良の社会資源であるとともに，地域や家庭で子どもに影響を及ぼすさまざまな環境の調整・開発をする人ということができる。

コラム1

支援を必要とする人は

　保育士の相談支援の対象は，第一に保育所に通っている子どもや保護者への支援であり，次に，地域の子育てをしている母親や子どもへの支援です。保育士などが行う相談支援では，対象となる人を利用者，来談者と呼びます。また対象者，クライエントと呼ぶこともあります。対象者は，相談援助を行う対象になる人ということで呼ばれるようになりました。クライエントは依頼人のことで，カウンセリングや医療分野で使われます。また事例や判例をケースと呼ぶことから，対象となる人をケースと呼ぶ場合もあります。

　社会福祉施設では利用者と呼ぶことが多くなっています。それは，社会福祉施設は措置制度から契約制度に移行したさいに，契約によるサービスを利用する人ということからです。

出所：著者作成。

（2）日常の保育のなかで

　保育所で働く保育士は日常の保育のなかで，子どもたちの成長発達のための課題をみつけより良い働きかけを行うことが業務である。また，母親の子育ての悩みにふれ，あるいは地域社会で他の機関の人たちと一緒に地域活動や地域の問題に取り組むことも業務となっている。こうした保育士としての業務には相談援助の理論を基礎として学ぶことが重要である。

子どもの成長について考えてみる。子どもは生まれたときは，両親のもっている特性を受け継いで生まれてくる。その後成長していくにつれ，その子の育つ環境によってさまざまな影響を受け，人格が形成され，変化していく。子どもにとって母親をふくめて人も環境の一つである。相談援助ではこの環境を重要視している。劣悪な環境であれば健(すこ)やかな成長は期待できない。子どもの成長・発達を保障できるより良い環境下で育つことが望まれる。どんな育ちをしたのか。どんな環境で育ったのか。親や兄弟などをふくめてどのような影響を与えていたのかを知ることにより，子どもをより深く知ることができるのである。保育士は，子どもの育ちの背景を知ること。そして今，どんな環境の下で生活しているのかを知ることで，支援の手だてをつけられるのである。これは相談援助のアセスメントに相当する。支援の目的は発達支援や生活課題の解決・緩和である。

　保育士の相談援助は，保護者との面接から始まる。親からの相談や問題の多い子どもへの対応だけでなく，育ちにちょっと不安のある子，何か気にかかる子，そんな子どもたちの理解を進めるための大切な「場」である。そしてこのとき必要となるのが面接の技術である。これは，保護者との信頼関係を築くための重要なスキルでもある。

事例1

元気がない原因は何

　4歳児で保育園に入園してきた茉実(まつみ)ちゃん（仮名）。4月の入園当初から静かで，笑顔が少なく友だちと遊ぶことも少ない。担任の田中保育士（仮名）はしばらく様子をみていたが，6月になってもあまり友だちと遊ぶこともなく，午睡(ひるね)の後は少し元気になるがその後は一人でいることが多い。

　田中保育士は，園長に相談し母親との面接を実施することにしました。面接では，家庭での養育や，環境を中心に話を聞いてみることにしました。母親の話では，父親の帰宅がここ数か月遅いこと，母親は父親との会話が少なくなっていること，時々口論になることがあることなどが話されました。同時に，以前は，一緒に夕飯や朝食を食べて父親との関係も良好だったことが話されました。

　そこで，田中保育士は父親をふくめた面談を提案することにしました。父親には，

茉実ちゃんの保育園での状況を説明しました。父親からは「仕事がいそがしく茉実がそんな状況にいることを初めて知った」との言葉が聞かれました。保育士の提案を受け，母親から「おとうさんを待たずに茉実ちゃんも早く寝，少し早いですが，みんなで一緒に朝ごはんを食べましょう」とのことが示されました。

その後少しずつ茉実ちゃんは，お午寝後の元気を朝からみせ始め，しばらくすると元気に挨拶をするようになりました。これは元気のなさの原因を両親と生活リズムにあると考えた働きかけの結果と考えたこと，両親が茉実ちゃんを振り返ることで，茉実ちゃんの気持ちを支えた結果だと考えられます。

出所：筆者作成。

第2節　相談援助の意義と効果

（1）保育における相談援助の意義

保育所で働く保育士は1年を節目に入園から卒園まで子どもたちとかかわる。そして保育所は地域の子育て支援の場であり，保育士は子どもの成長と発達にかかわる専門職である。また乳児院や児童養護施設などの児童福祉施設における保育士も同様に，子どもを取り巻く環境の整備や，その子たちの健全な発育のために努力することが業務である。保育士は社会福祉の専門職で直接支援職員である。

保育所に子どもをあずける親の主な相談役は保育士である。そして親の悩みは直接子育てに影響することが多く，悩みを聞くだけではなく相談援助技術を生かした対応が求められる。

保育士が受ける相談の多くは，子どもの成長や発達にかかわることと，家庭環境等によるものに大別される。特に，虐待など子どもの発達や成長が周囲の環境から強く影響を受けているものと推測できる相談は，環境改善のための早急な対応が求められる。

┌─ コラム2 ─────────────

保育士と相談援助

通常，相談援助はソーシャルワークと同義で使われており，主にソーシャルワーカ

ーとしての社会福祉士等が行うソーシャルワークであり，個人から地域福祉の増進まで視野に入れた専門的実践活動のことをいいます。
　保育分野においては「相談援助」という言葉を使用します。2011（平成23）年4月に保育士養成課程が改正され「保育相談支援」が新設されました。これは，現代社会における子育て機能の低下や，精神的に不安をもった保護者の増加などより，保護者への相談援助の必要性から生じたものです。この支援には，相談者としての社会福祉士の支援方法（相談援助技術）をもとに学んでおく必要があります。

　出所：筆者作成。

　保育士は子どもの保育内容や1日の様子，保護者からは家庭の様子などを「連絡帳」などで，やりとりを行っている。
　また，日常的な子どもの観察から，保護者からの相談がなくてもさまざまな問題を察知することが可能である。この察知した問題に対してどう支援していくのかが保育相談支援である。保護者への支援は，同時に子どもの生活環境に直接影響する支援であることを忘れてはならない。

（2）子育てに関する支援

　子育てで悩む母親は年々増加している。その理由としては，大家族制度から核家族化への進展により祖父母が遠距離にいる，あるいは祖父母ともまだ働いているなど，祖父母が親の子育て支援をすることがむずかしくなっている。また隣近所や職場での人間関係の希薄化により親身になって相談に応えてくれる人が周囲に少なく，気軽に相談できる人間関係を構築することができないなどがある。多くの母親は，子育ては初めての経験である。雑誌やテレビ，育ちのなかで培った知識だけで育児をしなければならず，子育てのなかで迷うこと，わからないことが多い。日常的に心細く話し相手や相談相手を求めている。たとえば，夜泣くのだがどうしたらよいのかわからない，離乳食はいつから何を与えたらいいのか，オムツは1日何回変えたらよいのかなどの不安や悩みは簡単に解消できない。また地域のなかでは，相談する相手がいない，どこに相談したらいいのかわからないなど，ますます子育てで孤立化する母親が増えている。子育てで悩む親は，そのストレスを溜めやすく，精神的疲労感が増大し，

家庭の不和や子育て放棄・虐待などにつながる危険性もある。子育てについて悩む母親が気軽に相談できる支援体制を地域につくることは，子育てにかかわる各機関と行政の重要な役割である。

現在の地域においては，子育て支援拠点として「子育て支援センターや集いの広場」などをさらに拡充した事業が行われている。これは保育所・NPO・公共団体などが運営し相談業務とともに，同年齢の子どもをもつ母親がサークルなどをつくり，子育て体験を共有し協働して子育てに取り組む「場」の設定が行われている。

こうした取り組みは，子育てがつらいもの大変なものではなく，互いに助けあい楽しいものとし，子育てが親の豊かな人生のステップになることを目的としている。

コラム3

環境と保育支援の資源

相談援助では環境と利用者の接点に介入します。利用者の相談の多くは，環境の不調和によって生じます。この環境を調整することが，相談援助です。資源は，相談援助で支援のために使えるものをいいます。資源には人的資源，物的資源，内的資源，社会資源があります。資源は支援をする際に必要なツールです。いくつかの社会資源を紹介します。

乳児家庭全戸訪問事業（こんにちは赤ちゃん事業）：生後4か月までの乳児のいるすべての家庭を訪問し，さまざまな不安や悩みを聞き，子育て支援に関する情報提供等，親子の心身の状況や養育環境等の把握や助言を行い，支援が必要な家庭に対しては適切なサービス提供につなげます。

地域子育て支援拠点：公共施設や保育所，児童館等の地域の身近な場所で，乳幼児のいる子育て中の親子の交流や育児相談，情報提供等を実施します。

ファミリーサポートセンター：乳幼児や小学生等の児童を有する子育て中の労働者や主婦等を会員として，児童の預かりの支援を受けることを希望する者と当該支援を行うことを希望する者との相互援助活動に関する連絡，調整を行うものです。

ホームスタート：「家庭訪問型子育て支援」といい，無償で自宅を訪問し，子育ての悩みを受け止め親子に寄り添いながら，一緒に子どもと遊んだり，お出かけをしたり，ともに家事などをするボランティア活動です。

出所：筆者作成（厚生労働省ホームページより抜粋）。

(3) 権利擁護としての相談援助

　子どもの人権は基本的人権を基礎とし，すべての人権が保障されなければ子どもの人権も保障できないといわれている。1959（昭和34）年11月20日，第14回国連総会で「児童の権利に関する宣言」が採択された。この宣言の第2条では「児童は，特別の保護を受け，また，健全，かつ，正常な方法及び自由と尊厳の状態の下で身体的，知能的，道徳的，精神的及び社会的に成長することができるための機会及び便益を，法律その他の手段によって与えられなければならない。この目的のために法律を制定するに当つては，児童の最善の利益について，最善の考慮が払わなければならない」とされている。

　相談援助の相談内容には，権利侵害の問題も多くふくまれている。利用者はその困難性からおびえ，恐怖を感じ，傷つき支援を必要としている。また保育所においては，保育士自身が身近に虐待場面に出あうかもしれない。虐待は子どもと親の双方に対して，注意して観察し，施設全体で対応する必要がある。また児童相談所などさまざまな機関と連携する必要があり，深刻化する前に止めなければならない。「子育てや仕事疲れでイライラして子どもにあたってしまっていた」「これが虐待とは知らなかった」など虐待と知り悩み苦しむ人やまったく虐待と気づいていない人もいる。ストレスが多い子育て期は，より多くの人と接し悩みや情報を共有し，相談しあう環境が必要である。地域で孤立した人をつくらない地域の協働を進めるコミュニティソーシャルワークの活動が望まれている。保育所は子育て支援の場と地域の拠点としての役割をもち，虐待の防止と発見の場にもなる。

第3節　機能と役割

（1）人と環境と相談援助

　人は生まれてから，人によって育てられることで初めて人になる。人は生まれて乳幼児期を経て大人になるまで，人と人，人と自然や社会との相互の関係から影響を受け，また影響しあって進化し発達してきた。そのため人は社会と

の関係がなくては人になることができず，築いた文化や言葉も話せず服を着ることもできない。そのため，人の悩みはすべて人との関係や社会との関係といえる。相談援助ではこのことを土台としてとらえ，人が生きていくうえでの悩みや問題，周囲の人とのことを調整し問題の原因となる環境を変えることで，暮らしやすくなると考えている。だから人と環境の接点に介入するのである。

　相談援助では，互いの人と人との関係を相互関係と呼ぶ。人と人は互いに影響しあっている。そしてそれぞれは多くの人と複雑な関係をつくり，その総体を交互関係としている。この関係があることを支援においては理解している必要がある。相談者との面談において相談がうまくいったとしても，他からの影響を受け相談がうまくいかなくなる場合もある。また交互関係を理解して対応することで直接的な相談援助なしに問題の解決を図ることも可能なのである。相談援助では，この関係を利用し，人と環境との接点への介入と環境そのものへの働きかけ，利用者自らが環境に働きかけることができるように支援していく。

コラム4

相互作用と交互作用

　相互作用とは，個人と個人の相互の関係のことを指し，互いに影響しあっている状況のことを指します。たとえば一雄さん（仮名）と麻里さん（仮名）の関係，麻里さんと靖さん（仮名），靖さんと一雄さんの関係は1対1の相互関係です。あるとき「一雄さんと靖さんが明日の授業に出たくないなー」と話していました。その後，靖さんと麻里さんが話をしました。麻里さんは授業に出るべきだと考えています。靖さんに麻里さんは授業に出ないことがおかしいことを伝え，出るべきだと靖さんに話します。靖さんは一雄さんに「やっぱり授業に出る」と告げ，授業に出席する必要性を話しました。

　それぞれの関係のなかで，靖さんは最初とちがった意見をもちました。そして一雄さんは授業に出ることになりました。こうした関係を交互作用といいます。人はまったく関係のないようでいて，互いの関係だけとはいかないのです。

出所：筆者作成。

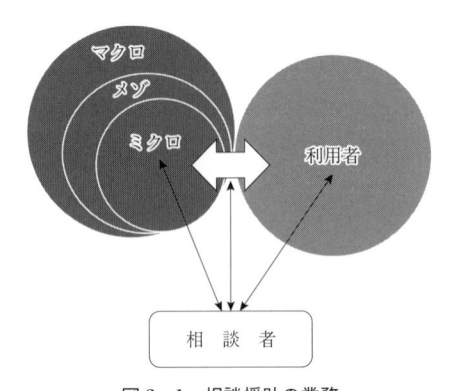

図2-1 相談援助の業務
出所：伊藤嘉余（2013）を筆者一部改変。

（2）相談援助の機能

　相談援助の機能とはどのようなものなのだろうか。相談援助が社会にとって，どのような役割や目的があるのだろうか。社会のなかにはさまざまな相談をする場や機関がある。相談者は，医師や看護師，臨床心理士，教員など医療相談，発達診断などがすぐに浮かぶものと思う。こうした相談（カウンセリング）と相談援助における相談とは相違するところがある。それは，医師などのカウンセリングの場合は，非常に専門的で高度な知識をもとに専門的な見地から情報提供するとともに利用者本人を対象として問題解決を図る。これに対し相談援助の場合は，利用者とともに利用者の望む生活が実現できるように環境調整のために環境との接点に介入する。そして利用者本人の力を重視し，エンパワメント（empowerment）とストレングスの強化を図り，利用者自身が環境に働きかけられるようにするのである。

　2007（平成19）年，国際ソーシャルワーカー連盟は定義について[2]，以下の3点のように説明している。定義1は，「人びとがその環境と相互に影響し合う接点に介入する」（図2-1参照）とある。これは利用者の抱えている，あるいは感じている生きづらさや生活上の問題に対して，そして目指す生き方やニーズに対して，周囲とのかかわり方，あるいは状況に対して，利用者の思いを中心として解決が図られるように環境調整をしていくことが，その役割の一つと

して挙げることができる。定義2に「人びとのエンパワメントと解放を促していく」とある。利用者の強みを生かし，あるいはエンパワメントを引きだすことを中心に対応することで相談者自身がもつ力を発揮し，困難な状況へ自ら対応していくことができるように，支援していくことである。

コラム5

エンパワメント（empowerment）

エンパワメントとは，差別された人びとが抑圧やストレスによって力を失った状態から本来もっている力を引出し，マイノリティの開放や差別の撤廃を目指して抑圧された状況に対して失った力を回復していくことを指します。自ら課題の解決に向かえるようにすること。つまり自立して抑圧している環境に働きかけを行うことができるようにしていくこと。生活困難な状況などに対して長期間のストレスのために意欲を失った状態から，解決に向かう意思や意欲の回復を目指すことをいいます。

出所：社会福祉士養成講座編集委員会編『相談援助の理論と方法Ⅱ』中央法規出版，2010年より筆者作成。

さらに定義3は「人間の福利（ウェルビーイング）の増進を目指して，社会の変革を進め」とある。社会的な環境に対して多くの人が困難な状況に陥らないように問題が発生しないように，社会に対しても変化を要求していくことが役割とされている。

相談援助にはこの3つの定義以外に，相談者が相談を受け相談を実施する組織や機関によって，あるいは支援の方法などによって，その機能は少しずつ変化する。たとえば権利侵害にあっている人の代弁者としてのアドボケーターとしての機能，さまざまな専門機関の仲立ちをして調整する調整機能や仲介者としての機能がある。

第4節　相談援助の体系

相談援助にはさまざまな役割がある。それぞれの役割に応じた技法や場面，目的がとられている。これらの相談援助の技法をいくつかに体系化したものが

ある。この体系化は，相談者の支援方法によって分類したものである。
　個別援助技術（ソーシャルケースワーク）
　集団援助技術（ソーシャルグループワーク）
　地域援助技術（ソーシャルコミュニティワーク）
　相談援助の基本的な区分けに利用される。この他に，社会福祉運営管理（ソーシャルウェルフェア・アドミニストレーション），社会福祉調査（ソーシャルワーク・リサーチ），社会活動法（ソーシャル・アクション）がある。これらの支援方法は大きく直接援助技術と間接援助技術の2つに大別される。

（1）直接援助技術

　利用者に対して面談などをとおして直接支援を実施し対応することで相談援助の目的を達成しようとするものである。
　①個別援助技術（ソーシャルケースワーク）
　相談援助の基本である。対個人を対象としたもので，通常来談者と相談者による一対一による面談をとおして行われる。
　②集団援助技術（ソーシャルグループワーク）
　小集団を対象としたもので，共通した課題をもとに編成され集団活動をとおして問題の解決にあたるものである。集団内の集団の力学を利用して問題の解決にあたる。断酒の会，保育所における集団活動や親の会，父親だけを対象とした父親の会などがある。

（2）間接援助技術

　直接的な対応をせずに，利用者の共通する課題をもとに社会や地域の問題を間接的に解決していく援助技術を指す。
　①地域援助技術（ソーシャルコミュニティワーク）
　地域福祉の推進に欠かせない技法である。地域住民の共通の課題をとおして，地域の事業所やNPOなど関連する団体組織との連携や地域住民の組織化および必要な情報やサービスの共有，サービスの開発を行う。

表2-1 相談援助の体系

直接援助技術	ミクロ	個別援助技術
		集団援助技術
間接援助技術	メゾ・マクロ	地域援助技術
		社会活動法
		社会福祉調査
		社会福祉運営管理
		社会福祉計画
関連援助技術		スーパービジョン
		カウンセリング
		コンサルテーション
		ケアマネジメント

出所：伊藤嘉代子『相談援助』青鞜社，2013年，13頁を筆者改変。

②社会活動法（ソーシャル・アクション）

社会活動法は，社会福祉の諸問題についてその解決や改善を図るために活動することをいう。関連する団体や機関の組織化や住民への啓発などの活動をとおして，署名活動や陳情，請願などの政策的な対応を要請するなどの活動を行う。

③社会福祉調査（ソーシャルワーク・リサーチ）

相談援助においては，対象となる人がどのような状況にあるのかを知ることから始める必要がある。したがって対象となる地域であれば，その地域に応じてアンケートやインタビューなどによって情報を収集する。

④社会福祉運営管理（ソーシャルウェルフェア・アドミニストレーション）

社会福祉関連のサービス機関が適正に運営されている必要がある。またそこに働く人びとが健康であることは，サービスの質に影響する。国や公共団体の施策が適切かどうか，サービス提供機関が適切に運営されているかなどの運営管理を指す。サービス機関の人数や設備，労働条件や質の高いサービス実施のための研修などがこれにあたる。

⑤社会福祉計画（ソーシャル・プランニング）

　国や地方公共団体においては，情報収集をもとに適切な施策の立案が必要とされており，市町村においては，地域福祉計画の立案が要求されている。ソーシャルワーク・リサーチによる統計結果をもとに，数量目標やサービスや活動計画の立案のことを指す。

　このほかに相談援助技術として，マクロ・メゾ・ミクロといった，支援の対象をシステムでとらえた体系がある。ミクロにはソーシャルケースワーク・ソーシャルグループワークが入り，直接的な支援を実施する。メゾ・マクロにはソーシャルコミュニティワークが入り，場面によってメゾであったり，マクロであったりする。メゾは地域支援，集団支援が主な対象となる。マクロは地域やときに社会を対象とする（表2-1参照）。相談援助においては，ミクロ，メゾ，マクロと限定して支援を実施することはむずかしい場面が多く，包括的な支援が必要とされることが多い。

第5節　相談援助を行う際の視点と心得

（1）相談援助の価値

　相談援助の価値とは，相談の際の基礎となる利用者をとらえる判断基準や行動規範をどこにおくのかということである。

　ソーシャルワークのグローバル定義では，「ソーシャルワークの大原則は，人間の内在的価値と尊厳の尊重，危害を加えないこと，多様性の尊重，人権と社会正義の支持である[3]」としている。この定義の多様性の尊重には，地域性や民族性がふくまれている。たとえば宗教上の衣装や宗教上の習慣もこのなかに入るとされている。内在的価値は，親やその人が社会でどのような地位や出自であろうとも，人としてみたときに資産や振る舞いや着ているものに関係なく，基本的人権はすべての人に同じであるということである。親や地域によって子どもたちの境遇は変わり，すべての子が平等の環境とはいえない。戦争中であれば簡単に命を落とす子もいる。反面大事に育てられ，慈しみ愛されて育て

られていく子もいるだろう。どの子も同じ命であり，生まれたときからその重さに変わりはない。保育士による保育相談支援や相談援助においても，どんな利用者であっても人として尊重するということである。

　どのような子どもも成長し発達していく。保育士の使命は，子どもの権利を守り成長することを保障することである。人は環境の影響を受け，人はかならず環境によって変化する。そして環境はかならず変化することを忘れてはならない。社会はかならず変化し，より良き環境にすることができるのである。

　相談援助では人権を尊重し多様性を認めること。そして社会正義の理論は，相談援助の倫理観に影響し，もととなっている。重要な価値観として，大事に守り実践し発展させなければならない。

（2）相談援助の視点

　相談援助の実際の支援場面で，どちらの選択が，正しいのか，価値基準に迷うことがある。人としてあるいは，社会的ルールとして迷う場面がある。そのとき相談者はつねに基本的人権の尊重と社会正義を頭に入れておく必要がある。子どもが対象であれば，子どもの最善の利益であり，個としての尊重である。親の利益優先・親の意思の尊重ではないのである。ただし保育の場合（保護を必要としている人をふくむ），保護責任者は親である。親の決定はさまざまな家庭環境を考慮し，親の思いと子どもの最善の利益を尊重していると考えられる。したがってもっとも尊重されるべき意思と判断される場合が多い。このようなときには相談者の判断と矛盾することがある。こうした場合，最終決定に至るまでの働きかけが重要となる。

　相談者は通常は短期的な相談を通じて，利用者が相談者にたよることなく生活上の困難を乗り越えて自ら解決していこうとする意欲と強さとを同時に身につけることができるように支援していく。さらに保育士は日常的で継続的な支援や援助が要求される。あるいは保育所の利用終了するまで見守りや支援が欠かせない。

31

(3) 相談援助のニーズ

　保育園における保育士の相談援助においても，原則は本人からの訴えによって相談が開始される。そのときの利用者の訴えたことや話されたことは，主訴として尊重される。この訴えをニーズ（顕在ニーズ）と呼ぶことが多い。今の生活や現状に対してどう感じているのか，何を変えたいと思っているのかといった思いが重要なのである。現状の理解が進み最初の訴えとちがった課題がみえてくることがある。これを隠されたニーズ（潜在ニーズ）と呼ぶ。ニーズは簡単にみえているもの。隠れてみえていないものがあるということになる。

　さらにニーズはこれを変えたらいいだろうという相談者側のニーズと，本人と家族の実際に困っているニーズと本人が一番相談したいニーズがある。

事例2

一緒にしたかった

　明日香さん（仮名）のお母さんは，4か月後に出産の予定です。お母さんは明日香さんに「きょうだいができるのよ」と話しています。でも明日香さんの表情はあまりすぐれません。「あまりうれしくないみたいです」と保育士に明日香さんのお母さんが相談してきました。保育士の矢島さん（仮名）は，明日香さんに，「きょうだいができるんだってね」と話しかけますが，悲しそうな表情で何も答えません。数日後3人そろっての夕食の際「これからはもっと手伝って」とお母さんはお父さんに話しました。このとき明日香さんにも「明日香のきょうだいだからいっぱいかわいがってね」「おうちの手伝いもしてね」と話しました。明日香さんはとてもうれしそうに「私のきょうだいだよね。いっぱいお世話してあげる」と答えました。この日から明日香さんの表情は変わりうれしそうです。お母さんは，「話したことはあったけれど……。一緒に参加したかったのね，子育て」とのことでした。母親の出産の際には，子どもは少なからず動揺します。すべての子がやきもちを妬いているのではなく，家族として一緒に誕生をよろこびたい。そんな気持ちも隠れているのです。

　出所：筆者作成。

　利用者は，最初の面談の際にとても理不尽な要求をしてくることもある。そして，相談援助で取り上げることがむずかしいと判断される場合もある。こうしたさまざまなニーズをとらえて精査していくことが相談者には要求されてい

る。この精査の際には，相談者個々の判断基準が問われてくる。基準とすべきは社会正義であり本人の思いである。

　本人が気づいている場合といない場合があるが，生活するうえで困難な状況があり解決が必要なニーズがある。さらに本人が気づいていないけれど相談者からみて支援が必要なニーズもある。相談援助の際にはニーズを中心に解決すべき課題を探ることになる。この課題が相談援助の課題となる。本人と解決を図るべきニーズを同意のもとに計画し，共通の課題としていくことが必要となる。

第6節　相談援助の実践領域と相乗効果

　相談援助は日本においては，社会福祉士と精神保健福祉士がその任にあたる業種であると解釈されている。しかし相談支援はその業務を多くの人が実施することができる。相談支援を必要とする人びとは，保育士の場合業務の対象である乳幼児期の子どもと子育て中の保護者，子育てを考えている親である。施設においては，利用者とその保護者である。保育士は相談支援として学び対応している。介護福祉士らもケアワークとともに相談援助を実施している。この他にも相談援助は，学校におけるスクールソーシャルワーカーや地域においてはコミュニティソーシャルワーカー，病院では医療ソーシャルワーカーとして，さまざまな領域で，困難に直面している人に対して支援を実施している。

　社会福祉士は各地域で独立型の相談所を開設し，行政のコミュニティソーシャルワーカーとともに地域の相談援助を実施している。この他リスクに直面している対象の早期発見・早期介入や困難の発生予防および社会参加・活動支援をその対象としている。現在，地域単位においてはかならず何らかの相談援助技術を遂行できる相談者が活動することになっている。また権利侵害の起きやすい子ども，高齢者，女性といった分野ごとに相談者が配置されている。近年，生活保護等の利用者や震災被災者への支援など幅広く相談援助は展開されている。

したがって相談援助は専門家とされる社会福祉士・精神保健福祉士ばかりでなく幅広くさまざまな分野地域で得られた知識や経験の集約が必要である。相談援助はグローバル定義にあるように実践され専門性を科学する学問として確立されようとしており，相談援助の理論を発展させていく原動力となるものである。

【振り返り問題】

1　相談援助における価値とは，具体的にどのようなことだろう。一つひとつ具体例を挙げて考えてみよう

2　社会のなかで，平等ではないことはたくさんあります。具体的にどんなことがあるか考えてみよう。

3　子育ての仕方について，今までに学んだことと，知っていたことを箇条書きにしてみよう。グループで出しあって，知らないこと，学んだことに着目して，どんな支援が必要か考えてみよう。

〈引用文献〉
(1)　「保育所保育指針」第1章総則，3　保育の原理，(1)イ。
(2)　国際ソーシャルワーカー連盟，国際ソーシャルワーク学校連盟のソーシャルワークのグローバル定義。
(3)　2014年7月改訂のソーシャルワークのグローバル定義。社会福祉士会ホームページ「IFSW関連」(http://www.jacsw.or.jp/06_kokusai/IFSW/files/SW_teigi_kaitei.pdf)。
(4)　伊藤嘉代子『相談援助』青踏社，2013年，13頁。

〈参考文献〉
安梅勅江『エンパワメントのケア科学――当事者主体のチームワーク・ケアの技法』医歯薬出版，2004年。
社会福祉士養成講座編集委員会編『相談援助の理論と方法Ⅱ』中央法規出版，2010年。
保正友子・竹沢昌子編著『ソーシャルワーク』相川書房，2008年。
厚生労働省ホームページ「政策について」(http://www.mhlw.go.jp/stf/seisakunitsuite/bunya/kodomo/kodomo_kosodate/kosodate/index.html) 2014.11.7確認。

（浅川茂実）

第3章
相談援助の基本的な技術と心得

本章のポイント

　保育士とは「保育士の名称を用いて，専門的知識及び技術をもって，児童の保育及び児童の保護者に対する保育に関する指導を行うことを業とする者をいう」（児童福祉法第18条の４）となっています。また，同法第48条の３では「保育所は，当該保育所が主として利用される地域の住民に対してその行う保育に関し情報の提供を行い，並びにその行う保育に支障がない限りにおいて，乳児，幼児等の保育に関する相談に応じ，及び助言を行うよう努めなければならない」とされています。つまり，保育士の役割には相談援助の役割があり，大切な業務にもなっています。ここでは，相談援助の基本となる面接について学びます。

第１節　相談援助の原則と基本的な技術

（１）相談援助の原則

　保育面接の対象として考えられるのは，主としては保育所に通う子どもおよび子どもをあずけている保護者である。また，同様に地域で子育てに悩みをもつ母親への相談である。相談内容は子どもの成長や発達，育児相談など多種多様であり，なかには，虐待が疑えるような相談も受けなければならないこともある。

　厚生労働省調査「全国家庭児童調査結果」によると，「未就学の子育てについての不安や悩みの種類」については「子どものしつけに関すること」，「子ど

もの性格や癖に関すること」について，半数以上の方が悩んでいることがわかる。さらに，保育者，教師に相談することとしては「子どもが保育園や幼稚園，学校に行くのをいやがること」「子どものいじめに関すること」「子どもの勉強や進学に関すること」が挙げられている。

　これらの相談については，最初は登園時や降園時，参観日などに立ち話で受けることが多い。これは，面接を専門とする**ソーシャルワーカー**とちがうところであり，現場の悩みでもある。

事例1

あの先生に相談したけれど

　希代子先生（仮名）は保育所に勤めて2年目，3歳児のクラスを担任しています。希代子先生のクラスは子どもが27人で，ベテランの菊枝先生（仮名）と2人で担任しています。

　ある日，希代子先生は登園時に担任の武史君（仮名）のお母さんから「最近，帰ってからの武史の様子が少しちがうのです。何か，保育所でありましたか」と聞かれました。希代子先生は登園の子どもたちに挨拶をしながら「特に変わったことはないですよ。心配することありません。元気に過ごしています」と答えました。

　しばらくして，菊枝先生から武史君が同じクラスの剛君（仮名）にトイレに入るときにズボンを脱いで入ることをからかわれていることを聞かされました。同時に，お母さんが菊枝先生に「あの先生に相談したけれど，何にも対応してくれなかった」と話していることを聞きました。

　希代子先生は「相談といっても登園時の立ち話だけで……」とつぶやきました。

出所：筆者作成。

　事例1「あの先生に相談したけれど」のように，保育士としては，登園時は子どもたちの健康状態や様子を観察している大切なときであり，そのなかで，相談をもちかけられたとしても対応できるわけがないと考えがちである。しかし，このようなときの保護者からの言葉のなかには，大切なサインがふくまれていることがある。武史君のお母さんとしては元気がない武史君の状況をみて，明日，先生に相談してみようと前の日から悩んでいたとも考えられる。ここでは，お母さんは武史君のことを保育者に相談したいというサインが「武史の様

子が少しちがう」という言葉のなかにみられる。このようなときの対応としては「武史君は普段と変わらないと思いますが，菊枝先生や他の先生からも様子をたずねてみようと思います。お帰りのときに少しお時間をいただけますか」との言葉が必要になってくる。

（2）基本的な技術

面接の基本は，相談者（ソーシャルケースワーカー）と来談者（クライエント）の言葉によるやりとりであり，そのなかで問題解決に向けての情報を相談者が聞き取ることにある。面接で行われる言葉のやりとりには，表3-1の「面接における基本的応答技法」を基本として練習しておくことが大切である。また，面接として場面設定することが大切であり，「話しを聞く」という姿勢を全面的に示す必要がある。

1）感情の反射

来談者が抱えている問題が大きければ大きいほど，来談者のなかで，つらい，苦しいなどの感情が言葉や動作のなかに出てくる。たとえば，「本当に大変で，夜も眠れない」「そのことを思うと今でもくやしい思いが浮かんでくる」などである。このように，つらい，苦しい感情を「大変なお気持ち，お言葉から察することができます」など反射させることにより，来談者に共感していることを伝えることができる。同様に，「たのしい」「うれしい」などの感情も「本当にがんばりましたね。一緒にやってきた私自身もうれしくてしかたがありません」など，感情を反射することにより相手との共感的理解を深めることができる。

しかし，注意しなくてはならないのは「同調」や「是認」と混同されやすいことである。口先だけの元気づけになってはならない。それには来談者の感情の動きを理解し相談者自身の気持ちと交差させることが大切である。

2）感情の明確化

感情の反射より，ややむずかしい技法になる。来談者がはっきり意識化，言語化できない感情を，相談者が察知し言語化することである。来談者の話を傾

表3-1 面接における基本的応答技法

①内容の反射に関するもの 　○単純な反射……クライエントの言葉をそのまま反射する。 　○言い換え……クライエントの言葉をワーカーの言葉で言い換えて，反射する。 　○要　約……クライエントが語ったことを要約して反射する。 　○明確化……クライエントが語ったことを明確にして示す。
②感情の反射に関するもの 　○感情の反射……クライエントが語った感情をそのまま反射する。 　○感情の受容……クライエントが語った感情を受け容れて反射する。 　○感情の明確化……クライエントが語った感情を明確にして示す。
③適切な質問 　○開いた質問……質問に答えることによって多くのことが語られるような質問をする。 　○閉ざした質問……はい，いいえ，あるいは答えが一言でいえるような質問。 　○状況に即した質問……面接の流れに合致した質問ができる。 　○避けるべき質問の認識……面接の支障となるような避けるべき質問が認識できる。
④情緒的な指示 　○情緒的な指示……クライエントを支えるメッセージを伝える。クライエントの健康さや強さを認めるメッセージを伝える。
⑤直接的なメッセージの伝達 　○I（アイ）メッセージ……「私は」で始まる直接的主観的なメッセージを伝える。メッセージは一般化するのではなく，一人の人間としてワーカーの思いを直接的に伝える。

出所：山辺朗子『ワークブック社会福祉援助技術演習② 個人とソーシャルワーク』ミネルヴァ書房，2003年，70頁。

聴するなかで，繰り返し使われている言葉やとまどう言葉などを意識し，来談者の感情をつかんでいくことが必要である。

　たとえば「気にはしていないが」「いいと思っているのだが」などの言葉から本当はどう思っているのだろうということを察知し，「○○さんの対応にいやな思いをされていたのですね」というように，一歩ふみ込んで感情を言語化することである。これにより，来談者が自身のなかで起きている感情を言語化できるよう支援することが大切になる。

　3）沈　黙

　面接のときに相談者がとまどうことの一つに沈黙がある。沈黙している状態の来談者にどのように声をかけるか，また，沈黙が長くなればなるほど来談者の心のなかに何が起きているのか不安になる。さらに，その不安を来談者が感じてしまうのではないかという気にもなってしまう。これは面接を行ったこと

がある人はだれしもが経験することであり，そのときの相談者の態度が面接結果に大きく作用することにもなる。

　面接は言葉のキャッチボールである。その言葉というボールが帰ってこないときに，どこにボールがあるのかお互いに認識していなければいけない。しかし，投げた側の相談者はできるだけボールにさわらず，来談者の投げ返すボールを待っていなければならない。そこには，時間的な間が生ずるが，その間こそ混沌としたなかで来談者自身が考え，何かをつかもうとしている大切な間であることを理解しておく必要がある。

　たとえば，「どうしてそうしてしまうか，私にもわからない……」などの言葉のあとの沈黙は自分がしてきた問題に対して何かをつかもうとしている来談者の積極的な活動としてとらえることができる。その活動の邪魔をするように「あなたがやっていることは社会的に許されない行為ですよ」「仕事のいそがしさがあなたをそうさせてしまうのでしょう」などの診断・解釈的な対応は来談者の不満・不安が解消されずに終わってしまう場合がある。これらの言葉は，来談者の内的力を信ずるというより，面接における相談者の安定を図り得るものになる。

第2節　面接活動とコミュニケーション技術

　より良いコミュニケーションを行うために必要な技術は相手の話に「聞く耳をもつ」ことである。コミュニケーションとは情報伝達や意思の疎通などと訳されるが，言葉などによりお互いの感情や気持ちを共有することであり，面接の場面では相手の立場でものを考えること，またそこから生まれる共感的理解を大切にすることである。

（1）コミュニケーション技術

　コミュニケーションは「話すこと」「聞くこと」が繰り返されじょじょにお互いを理解する双方向の活動であり，「知らない」という状態からお互いを

「知る」という状況に推移する一連の過程である。面接では，言葉が大切な役割をもっている。面接を行う者は，言葉のなかにある「事項」「感情」「類推」を意識しながら相手との会話を進めていくことが大切である。事項とは，相手がいいたいことの意味であるが，枝葉末節にとらわれずに全体的に聞いていくことが大切である。たとえば，子どもの養育に不安がある母親が「私は子育てに関しては自信がないので」「保育士は専門家だから」「ご意見にしたがいます」などの言葉を出してきたとしても，その言葉のうしろにある背景を理解しながら「お母さんと一緒に考えていきたいと思っています」という姿勢を保ちながら対応していくことが大切である。

　また，感情の流れをつかみ気持ちを理解することも大切になる。「疲れていて，もうやっていけない」「本当に大変で」「心配で，心配で」などの言葉が出てきたときには相手と共感し，感情の反射に関する言葉を出していくことが，お互いの理解を深めることになる。さらに，感情は言葉だけでなく態度にも表われる。言葉によるコミュニケーションをバーバルコミュニケーション（verbal communication），態度や表情など言葉以外のコミュニケーションをノンバーバルコミュニケーション（non-verbal communication）という。面接のときの容姿，座り方，しぐさなどのなかに感情や意志がみられる。これらを観察し，言葉をみていくと来談者が何を伝えたいかを探ることができる。

　しかし，電話などの言葉だけのコミュニケーションでは，相手の状況がわからないため推し測っている「類推」状況にあるため，誤った解釈をする場合がある。事例2「あなたならどうしますか」のような行きちがいの場面は，決して少なくない。

―事例2―

あなたならどうしますか

　ある日，保育士の吉田さん（仮名）は，事務所での対応を任されました。
　その日，園長から，次のようにいいつかりました。
　「鈴木さん（仮名）という人から私に電話があったら，私はお客さんと対応しているからね……」。

しばらくしてから鈴木さんから電話があったので，吉田さんは「ただいま，園長はお客様と面会されています」といって電話を切ってしまいました。
　まもなく園長が事務所に戻ってきて，吉田さんからの話を聞き「しょうがないな」とブツブツいっていました。
　しばらくしてから，鈴木さんから再度電話があり，「今，私の事務所にいるが，これからおたくの第二幼稚園に行くので，きてもらいたい」といってきました。吉田さんはそのことを園長に知らせました。そこで園長は第二幼稚園に急いで行きましたが，いつまでたっても鈴木さんは姿をみせません。その頃，鈴木さんは事務所の玄関で，園長のくるのを今か今かと待っていました。
　＊どうしてこんなまちがいが起こったのでしょうか。勘違いといえばそれまでですが，こんなまちがいを起こした原因を考えてみましょう。
出所：筆者作成。

　事実を正確に伝えるには，相手の理解力に応じた話し方を行い，伝わったかどうかの確認をすることが大切になる。事実を正確に伝えるための技術として，コラム1にある「10の要点」を普段から意識して行うことが大切である。

コラム1

事実を正確に捉えるための「10の要点」

(1) ノート・メモをとる，とらせる。
(2) 順序だてて，詳細に話す。
(3) ゆっくり話す。
(4) 復唱する。
(5) 途中で確認をとる。
(6) 相手の能力やペースに合わせて話す。
(7) 要点をつかんで話す。
(8) 時々質問をする。
(9) 色々な媒体を使う。
(10) ジェスチャーを多用する。

出所：全国社会福祉協議会『福祉職員標準研修テキスト①　基礎編（改訂版）』1999年，67頁から引用。

（2）面接活動の理解

　面接は，人が何かを伝えあうやりとりによって成立する。バイステック（Biestek, F.P.）は一般にコミュニケーションがもつ性質を，概念や知識だけのやりとり，感情を伝えあうコミュニケーション，知識と感情の両者が行き来するやりとりの3つに分けている。

1）物理的環境を整える

保護者が安心感をもてる雰囲気をつくるためには，保育士はリラックスしていることが望ましい。保育士の机のうえを整理しておくことでみずからの気持ちを和らげることができるかもしれない。また，面接を行う場所を設定することも大切であり，座り心地の良い椅子，何気ないテーブルの花，子どもたちの声に邪魔されない環境などは面接の助けとなる。

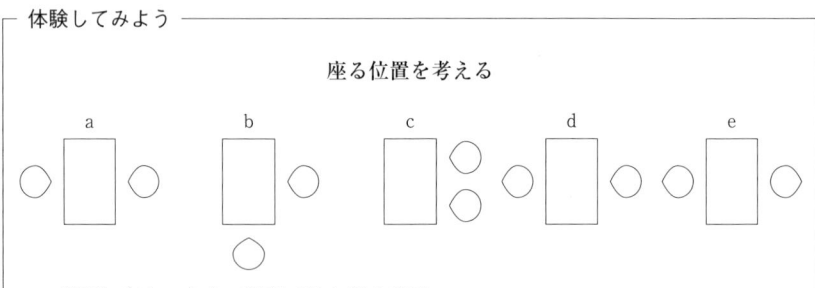

体験してみよう

座る位置を考える

　　　a　　　　b　　　　c　　　　d　　　　e

a　正面に向かい合う，取調べ的な対人空間。
b　90度ほどの角度のほどよい対人空間。
c　ベンチに座るような語らいの対人空間。
d　後ろから語られる位置にあり不安と安心の混じり合った対人空間。
e　背中合わせの位置で，親密さは全くない対人空間。

出所：社会福祉教育方法・教材開発研究会『新社会福祉援助技術演習』中央法規出版，2001年，74～75頁から引用。

バイステックは「一見取るに足りない条件もクライエントが安心感を持つうえでの助けになりうる。たとえば，机の位置を工夫することによって，クライエントはたえずケースワーカーばかりを見ずに，窓の外の景色や壁にかけられた絵画を見ることができるようになる」といっている。

2）準備をする

面接の準備は，面接の時間配分を上手にマネジメントするためにも大切なことである。保護者の日頃からの考え方，家族構成，子どもの状況などを整理しておき，面接のときにはできる限り注意深く傾聴し，考え，みつめて，保護者の抱えている問題を感じることが大切になる。

3）傾聴する力

面接の場面は，保育者の聴く力が大切になる。保育者が一生懸命に保護者の話に耳を傾けることにより保護者は保育者の誠意や関心，理解する力，客観化する能力などを感じとるものである。そのことが安心感を高め，より感情が表現しやすい面接場面を設定することになる。

4）感情表現をはげます

面接のときに大切なことは，感情表現をサポートすることである。しかし，保育現場では子どもたちへの支援が中心であり，保護者の感情を自由に表現させるような言葉がけにはなれていない。また，保護者が年上であったりすると感情表現をどのようにしてはげますのかわからなくなる場合もある。しかし，保育所で子どもとかかわっている体験や，多くの子どもたちをみている経験などを背景として保護者に接することが大切になる。

感情表現をはげます道具をバイステックは「質問ないし問いかけ」といっている。また，これを「クライエントが発言した言葉や短い話を繰り返してみるなどの方法」といっている。感情の反射がはげますことにつながる。

コラム2

対応できないものを知る

バイステックは「クライエントが自分の問題について，彼が感じるままに話すことができると感じられる面接のなかで，ケースワーカーが受信した情報は，診断をかたちづくり，クライエントの情況を理解する過程を進めてくれる貴重なデータなのである」といっています。また，「クライエントが何らかの感情を解放しないうちは，われわれが問題の真の姿を知ることは不可能に近い」ともいっています。

しかし同時に，クライエントを理解するうえでの感情表出を制限した方がよい危険な領域についてもふれています。「たとえば，精神病と診断されたクライエントの感情を開放することは禁忌である。同様に，幼少期の抑圧した経験に関する感情を持った神経症者の感情を表出させることも危険である」といっており，このような場合は，「精神科医によるコンサルテーションを求めるべきである」としています。

出所：バイステック，F.P.／尾崎新・福田俊子・原田和幸訳『ケースワークの原則［新訳版］——援助関係を形成する技法』誠信書房，1996年，70～72頁より一部引用。

（3）面接を行うための技術

　面接はさまざまな相手とのやりとりであり，うまくいく場合もあれば，当然，うまくいかない場合もある。コミュニケーションはその技能や技法を駆使したとしても，支援する側，される側の心の動きを理解し支援者の気持ちや情熱などにも作用される。

　技術のもつ意味を考えると，英語ではスキル（skill: 技能），テクニック（technique: 技法），アート（an art: 技芸）などの言葉がある。

　この技能や技法を修得して，さらに磨きをかけていくことが大切である。ここでは面接のもとになる，話し方，聞き方のポイントをコラム3として紹介する。

コラム3

話し方，聞き方のポイント

[話し方のポイント]	[聞き方のポイント]
①何を伝えるかをしっかりつかむ。	①相手の言いたいことの意味全体を聞く。
②順序だてて話す。	②内容とその底にある気持ちを汲み取る。
③相手の立場を考えてゆっくり，確認しながら話す。	③相手の言い分を最後まで聞く。
④重要な部分はくり返す。	④フィードバックを用いて聞く。
⑤内容が長い時は途中でまとめて話す。	⑤ボディランゲージに注意する。
⑥情熱，誠意をもって話す。	⑥雑念をふりはらい，聞くことに集中する。
⑦言葉以外の手段を活用する。	
⑧第3者からの中継は極力避ける。	

出所：全国社会福祉協議会『福祉職員標準研修テキスト①　基礎編（改訂版）』，1999年，68～69頁から引用。

　話し方のポイントとしては，話す前に頭のなかで整理をし，結論を先にし，順序立てて話し，相手が理解したかの確認をとりながら，重要な部分は繰り返したり要約を入れたりし，資料等も駆使しながら情熱をもって伝えることが大切である。同時に，聞き方のポイントとしては枝葉末節にとらわれず体系的に相手の話を理解し，言葉だけではなく気持ちを理解し，途中で話の腰を折らず，相手の言葉を確認しながら，集中して聴いているという姿勢が伝わるようにす

ることが大切である。

（4）保育現場で面接を行う際の留意点

　保育士の面接は保育所や所属する機関の支援活動の一つとして行われる。面接が仕事であることを意識すること。また，面接で発している言葉や対応は，ときには組織を代表しているものになることを意識することである。さらに，面接の内容で組織に影響を与えることについては，組織内での判断が必要であることを伝えてから回答することが必要となる。

　保育所などの社会福祉施設のなかで支援できる限界を知り，できること，できないことを吟味し，できないことに関しては安請けあいをしてはいけない。同様に，保育士の面接の範疇は子育て支援であり，人生相談や**カウンセリング**ではない。信頼関係を築き，良き相談相手になることは大切なことであるが，夫婦間のトラブルや，自らの子ども体験のときのトラウマ（精神的外傷）などに入り込まないよう注意しなければならない。

　しかし，面接のなかで行わなければならないことがある。それは，実際に保育現場などでみている子どもの支援であり養育に関する相談である。単なる子どもの状態や現象を語るだけではなく，背景にある発達段階や児童心理などの視点から子どもについて語ることができるよう学んでおく必要がある。また，面接の場合では，言葉づかいにも気を配る必要がある。「はい，はい，はい，そうだよね」「そこには，よく行くの」などとやけに親しい態度で面接に臨む人もいる。しかし，基本は，誤解されない会話を行うことである。それには，普段からコラム4にあるような日常会話の使い分けを心がけておく必要がある。特に，目上の人に対する接し方については注意を払い臨む必要がある。

┌─ コラム4 ─────────────────────────────────┐

日常会話の使い分け

動作・状態	尊敬語	謙譲語	丁寧語
する	なさいます	いたします	します
いる	いらっしゃいます	おります	います
言う	おっしゃいます	申し（上げ）ます	言います
行く	いらっしゃいます	参り（伺い）ます	行きます
見る	ご覧になります	拝見いたします	見ます
食べる	召し上がります	いただきます	食べます
思う	お思いになります	存じます	思います

出所：全国社会福祉協議会『福祉職員標準研修テキスト① 基礎編（改訂版）』，1999年，33頁から引用。

└───┘

（5）家庭訪問を行う際の留意点

　保育士の家庭訪問は家庭に何か養育上の問題がある場合でないと実施されない。

　まず，訪問の目的を明確にしておくことである。家庭環境を知るための訪問，謝罪のための訪問，家庭から依頼された養育上のことについての相談訪問などによって準備することがちがってくる。家庭訪問は来所面接とちがい，環境設定は相手の家庭にある。商売をされている家庭では商売の最中の時間をあけて面談することになる。玄関先での面談，居間での面談などさまざまな場所での面談が想定できる。さらに，テレビをつけながらの面談，他の来客が突然くることや，面談途中での電話も想定できる。

　しかし，家庭訪問は面接よりも一般的には多くの情報を得ることができる。百聞は一見にしかず，であり家庭での子どもの養育環境などは1回の家庭訪問で多くの情報を得ることができる。反面，面談される側にとっては，ごまかしがきかないことが多く，訪問されること自体を拒否する場合もある。当然，訪問する側のマナーが大切になる。コラム5に「訪問マナーの基本ポイント」を挙げた。

> コラム5

訪問マナーの基本ポイント

第1段階［訪問時］ 「ごめんください」 「おじゃまします」 「失礼します」	・事前に電話などで訪問の日時を確認しておく。 ・玄関口（門）で声をかけ，保育所名（自分の名）を名のってなかに入る（初訪時は家人の招きを受けて）。 ・再度名のり，きちんと礼儀正しい挨拶をする。 ・時候の挨拶や近況をたずねるのも大切なコミュニケーション（状況に応じて適度に）。
第2段階［応対時］ 「おかげんはいかがですか」	・相手との目線をあわせて，温かい眼差しと表情を心がける。 ・会話はリラックスしたなかにも相手の立場や気持ちを尊重しTPO※に応じた適切な敬語を。 ・勧められた茶菓子をいただく場合は，「ちょうだいします」「ごちそうさまでした」。
第3段階［退座時］ 「おじゃまいたしました」 「ありがとうございました」	・家人からお借りしたものがある場合は，礼をいってお返しし，自分の使ったものもきれいに後片づけする。 ・きちんと礼儀正しい挨拶を忘れない。 ・次回の訪問の予定が入っている場合は，その日時を確認しておく。 ・玄関で再度挨拶をして辞する。

※ TPOとは，Time（時間），Place（場所），Occasion（場合）の略語。
出所：全国社会福祉協議会『福祉職員標準研修テキスト①　基礎編（改訂版）』，1999年，35頁から引用，一部筆者改変。

第3節　相談援助者に求められる資質と専門性

　最初から相談援助者になれるものではない。子どもたち，保護者とのかかわりや，先輩職員からの**スーパービジョン**を受けながら保育者自身のスタイルを確立していくことが大切である。

　同時に面接は，相談者がいろいろな感情を受け止める場所でもある。自分自身の欲求や感情がもっている傾向を自覚しておくことが大切となる。バイステックは「ワーカー自身の内的感情をどのように成熟させるかという点に多くの注意を払うべきである。相談者の反応は，それぞれの『心のなか』をきちんと通過したときにだけ意味をもつものである。『あなたの気持ちはよく分かる』

とか『きっとつらいよね』などの言葉は，それが相談者の心をきちんと通過したものでなければ効果はない。来談者は，心を通過しない相談者の言葉を見抜くものである」といっている。

（1） 自己理解と他者理解

エリクセン（Eriksen, K.）は「われわれ個々の人間が実際には如何に複雑なものであるかということを少しでも考えてみれば，自己を効果的に使うことが，そう簡単であるなどと言い得ないことは明らかである。自己を他人の役に立つように使うためには，人はまず第一に『自己理解』に達していなければならない」といっている。

また，援助過程における自分の表現や態度のなかにもそれぞれ特徴があることを認識しておくことも大切である。事例3「かかわりにおける態度・理解」のなかで，あなたならどの対応を行うだろうか。

事例3

かかわりにおける態度・理解

清美さん（仮名：4歳）は保育所の催しものの人形劇をお母さんと一緒にみるのをたのしみにしていました。しかし，劇が始まってもお母さんはきません。あなたはどのような言葉をかけますか（まず，あなた自身で考えてください。その後に，一番近いものを選んでください）。
 1　お母さんは，まだみえないの。都合が悪ければ連絡してほしいとお願いしてあったのにね。
 2　この前のときにも遅れたことがあったでしょう。みんな劇をみているけど清美ちゃんはお母さんがくるまで待っているの？
 3　そんなに心配しなくても遅れることもあるから大丈夫よ。劇が始まっているからみんなと一緒にみましょう。
 4　お母さんがみえたら教えてあげるから。お仕事がいそがしいのかな。遅れたことは前にもあったでしょ。そんなに悲しそうな顔しなくてもいいのよ。
 5　お母さんみえないので心配だね。長いこと待っているのにね。お母さん早くくるといいね。

出所：筆者作成。

伊藤博は相談援助における面接者の態度を評価的，解釈的，支持的，診断的，理解的の5つに分けている。評価的，解釈的，支持的，診断的の4つに関しては，暗に（明らかに）相談者のとるべき方向を示しており，相談者そのものが置き去りにされる場合があることに注意しなければならない。また，診断的支援については相談者に自信がない場合や，不安が強い場合は苦痛になることもあるので注意することが大切である。

（2）専門性と倫理

介護現場での専門性について三好春樹は「専門家と患者の付き合いというのは，専門家の側が一方的に問題点を見つけるというところからはじまっていきます。それが必要な時もありますが，それで老人がだめになってきたような気がします。そういう関係が必要だった急性期が過ぎたわけですから，そうではなくて，共通の喜びを持つというところから，付き合い，相互的な関係が始まります[4]」といっている。これは保育場面でも同様である。保育士という保育現場のなかで面接を受け，育児支援などを行うが，ある危機的な状況が過ぎた場合はお互いに子育てにかかわっている者としての視点に戻ることが大切になる。

同様に，育児のなかで，困り，悩んでいる方に，保育士がエンパワメント（自律性を促し支援する）することにより，自分自身が解決策を見出せるよう面接をとおして支援していくことが保育士の相談援助の役割でもある。保育所などは保護者間の人間関係が交差する職場である。ひとつの噂が，育児に懸命になっている保護者を傷つけてしまう場合もある。より守秘義務の徹底が必要となることを自覚しておくことが重要である。

【用語解説】

ソーシャルワーカー……社会福祉専門職の総称。わが国の社会福祉分野におけるソーシャルワーカーは社会福祉士，精神保健福祉士の資格取得者である。しかし，実際の福祉現場での重要な相談支援活動は児童福祉司などの行政の職員が担当しているため資格制度が定着しているとはいえない現状にある。

クライエント（来談者）……社会福祉分野で，生活上での問題を抱え，相談援助に来談してくる者をクライエントという。心理療法でも同様にクライエントという言葉が使われる。

カウンセリング……面接などの技術により，来談者の問題解決，行動変容などを図る心理的援助方法の一つ。来談者のパーソナリティ（人格）の再構築支援など心の深い部分への治療的行為を行う。

スーパービジョン……スーパービジョンは，相談援助などを行うケースワーカーが自己覚知をより深化させ，主体性を確立し，専門家として来談者に意味あるサービスを提供できるようにするための訓練方法の一つである。

【振り返り問題】

1　表3-1「面接における基本的応答技法」の想定される回答を考え，面接者，相談者それぞれの立場で読みあわせてみよう。
2　事例2「あなたならどうしますか」の吉田さん，園長，鈴木さんについての問題点について，それぞれ考えてみよう。
3　事例3「かかわりにおける態度・理解」の1から5までの対応は評価的，解釈的，支持的，診断的，理解的のどれにあてはまるかを考えてみよう。

〈引用文献〉
(1)　バイステック，F.P.／尾崎新・福田俊子・原田和幸訳『ケースワークの原則［新訳版］——援助関係を形成する技法』誠信書房，1996年，66頁。
(2)　前掲書，92頁。
(3)　エリクセン，K.／豊原廉次郎訳『ヒューマンサービス』誠心書房，1982年，114頁。
(4)　三好春樹『関係障害論』雲母書房，1997年，89頁。

〈参考文献〉
伊藤博『新訂カウンセリング』誠信書房，1982年。
埼玉県社会福祉事業団編集・発行『研修進行表』，1991年。
社会福祉教育方法・教材開発研究会『新社会福祉援助技術演習』中央法規出版，2001年。
全国社会福祉協議会『福祉職員標準研修テキスト①　基礎編（改訂版）』，1999年。
バイステック，F.P.／尾崎新・福田俊子・原田和幸訳『ケースワークの原則［新訳版］——援助関係を形成する技法』誠信書房，1996年。
山辺朗子『ワークブック社会福祉援助技術演習②　個人とソーシャルワーク』ミネルヴァ書房，2003年。

（大塚良一）

第4章
保育士に求められる基本的な姿勢

本章のポイント

本章では，相談援助に必要となる基本的な姿勢「バイステックの7原則」を説明します。たとえば，あなたが「今から自分の抱えている一番重たい問題を，この授業を担当している先生に相談する」と想像してみましょう。自分自身の弱さや欠点を話すことに，不安な気持ちが出てきませんか。あるいは，自分の考えや行動に対して，しかられるのではないかと心配になりませんか。今，ここで起こった不安や心配は，利用者が保育者に相談しようとするときに同じように起こる不安や心配なのです。

「バイステックの7原則」は利用者に共通して起こる不安や心配を解消し，より良い相談援助につなげるための原則なのです。「バイステックの7原則」は保育者が普段から「基本的な姿勢」として実践することで効果が活かされます。本章でその7つの基本的な姿勢を学びましょう。

第1節　子どもや保護者の意思の尊重——個別化の原則

（1）かけがえのない存在

「かけがえのない」とは，かわりのいない，大切なという意味である。私たちは，他者が「かけがえのない存在」であることを理解しているが，意識しないで普段の生活を過ごしていることがある。1人の人間を「真に1人」としてとらえることについて，ある指摘をもとに考えてほしいことがある。その指摘とは2011（平成23）年に起こった東日本大震災について「2万人が死んだ1つ

の事件」としてとらえるのではなく,「1人が死んだ事件が2万件あった」としてとらえるものである。(1) 1人の人間にはそれぞれの人生があり,それぞれに悲しむ人がいて,かわりの人はいないのである。犠牲者の総数でとらえると本質がみえなくなるという指摘は,「かけがえのない」という言葉の重さを改めて感じさせる。

事例1

私は私です

かおりさん（仮名）はA園で実習をしています。あるときミスをしたため,職員から注意を受けました。
職員「かおりさん。だめじゃないか」。
かおり「申しわけありません」。
職員「かおりさんは○○大学だったよね。前にきた実習生もひどかった。やっぱり,○○大学の学生は良くないね」。

出所：学生の実習報告を参考に,筆者作成。

この事例でミスをしたのは「かおりさん」であるが,所属する大学や学生がひどいように思われている。事例を読んで不愉快な感情がわき上がる人もいるだろう。一人ひとりにそれぞれの人生がある。生まれも,育ちもちがう。双子であっても,まったく同じ人間ではないのである。事例のように,同じ大学の学生というだけですべて同じではないのである。私たちは,一人ひとりの存在を尊いものとして,一人の人間の存在を尊重しなければならない。このような「個人の尊厳」は他者との関係性のなかに存在するものである。AさんがAさん自身を「私は尊い存在だ」と思うことは個人の尊厳ではない。Aさんが「Bさんは尊い存在だ」と,他者を尊いと思うことで尊厳が保たれるのである。他者から「必要ない」と思われている人や,存在を無視されている人は「尊厳が失われている」状態にある。一方で,他者の存在を認めない人は「他者の尊厳を認めない人」である。このような「尊厳を認めない」態度をとる人は,相談援助を行う状況にない人である。

相談援助は弱い立場にある人たちの存在を認め,尊厳を保障する営みである。

どのような状況であっても，人としての尊厳を認められなければならない。

（2）尊重するための姿勢

子どもや保護者の尊厳を守るための姿勢として，バイステック[2]は次の6項目を挙げている。

①きめ細く配慮する

利用者一人ひとりのおかれた状況や希望を考慮し，細やかに配慮する。

②プライバシーを配慮する

利用者のプライバシーに配慮し，利用者には，初回の面談時にこのことを伝えておく。

③時間を守る

約束の時間を守ることで，利用者は自分のための時間が確保され，受け入れられていることを実感する。

④準備を行う

約束の時間の前に，前回の記録を読み返し，これから行う面接の目的などを明確にしておく。

⑤利用者のもつ能力を活用する

利用者の能力を判断し，できるかぎり選択や決定に参加してもらう。私たち相談者の決定を利用者にやってもらうのではなく，利用者自身が決定し行動することを増やす。

⑥柔軟性をもつ

支援の計画は大切であるが，つねに見直し，状況に応じて柔軟に対応する必要がある。

（3）一人の人間として

私たち人間は不幸になるために生まれてきたのではない。みなさんのなかにも，さまざまな人生を送り「だれにも望まれて生まれてきたのではない」「生まれてきたくなかった」「今，不幸の底にいる」というようなことを思ってい

る人がいるかもしれない。将来，目の前に助けを求めてやってくる利用者のなかにも，言葉には出さないが，そのようなことを思っている人がいるかもしれない。私たちは過去を変えることはできないが，未来は変えることができる。さまざまな背景や事情によって，支援を求めて相談にきた人なのである。「みんなと一緒」の対応ではなく，一人ひとりのちがいに対応しなければ，未来を変えていくことはできないのである。

　目の前で支援を求めている利用者は，ただ一人のかけがえのない人である。同様に，あなたも「ただ一人のかけがえのない人間」である。あなたが自分自身を「ただ一人のかけがえのない人間」であることを認め，自分自身を大切にしなければ，「ただ一人のかけがえのない人間」という言葉は，利用者に対する技術的な言葉で終わってしまう。利用者に対する応答も，本心からの応答ではなく，技術的な応答に終わってしまうのである。

　私たちは相談を受けることで，さまざまな人生を知る。利用者の人生から学び，ときには利用者の言葉に人生を揺さぶられる瞬間がある。利用者に無条件の関心を寄せ，かかわりのなかで存在を認め，人としてのつながりをもつ。そうした時間をともに過ごし，ともに歩みながら，利用者がより良い人生を過ごせるように心をくだく営みを大切にしてほしい。

第2節　子どもや保護者の感情表現の理解
　　　　——意図的な感情表出の原則

（1）気持ちを理解する

　順調にものごとが進んでいるときにはよいが，ひとたび歯車が狂い，ものごとがうまく行かなくなるとさまざまなマイナスの感情が浮かび上がる。「なぜこんなことに」「つらい」「悲しい」「もっと〇〇だったら」と，深刻になるほど，このような感情が浮かび上がる。順調に進んでいるときにも，何らかの感情は浮かび上がる。しかし，うまくいかないときに浮かび上がるマイナスの感情は，それによって身動きができなくなることや，心の健康に影響を与えるこ

とがある。心身のバランスがとれた健康的な生活からは遠のくのである。

事例2

どうしてよいのかわからない

　たかこさん（仮名）はサークル活動で使用する部屋の予約をけいこさん（仮名）にたのんだのに、けいこさんはうっかり忘れてしまいました。ところが、けいこさんは「たかこさんから、何も聞いていない」と仲間に話してしまい、たかこさんがミスしたことになってしまいました。活動からも外され、たかこさんはどうしてよいのかわからなくなってしまったのです。

　家族に話しても理解されず、学校でも相談することができませんでした。この気持ちをだれかにわかってほしいと思っても、だれにも話せないまま、怒りやつらさが増すだけでした。ついには1日中、怒りやつらさが頭のなかをグルグルと回るようになってしまいました。

出所：筆者作成。

　この事例は起こりそうな出来事であろう。「だれにも話せない」「理解されない」と思い、怒りやつらさが増し、ついには一日中その思いが頭のなかを支配する。このような状況は、健康的な生活とはいえない。問題解決だけではなく、心の健康のためにも「安心して話すことができる」「理解してもらえる」環境を、面接中だけでもつくる必要がある。しかし、気持ちを理解することは簡単なことではない。

事例3

好 き

　なおこさん（仮名）はたかしさん（仮名）を好きになり、友人のさおりさん（仮名）に相談しました。さおりさんは「好きだったら、どんどん押していけばいいよ」とアドバイスをしてくれます。しかし、なおこさんからは、はっきりした返事が出てきません。さおりさんは「好きなんだから、何をやってもいいよ」とアドバイスします。なおこさんは「好きになると、いつか嫌われるんじゃないかと思ってしまうから、好きになるのがこわい」と重い口を開きました。「こわい……そんなことあるわけない」と、さおりさんはあきれたように応えました。

出所：筆者作成。

極端な事例であるが，2人は同じ「好き」という言葉を使ってはいるが，ふくまれている感情がちがっているのである。「好き」という言葉のなかに，なおこさんの方は「こわい」という感情がふくまれており，さおりさんの方には「こわい」という感情はふくまれていない。このように同じ言葉を使っていても，人によってふくまれる感情は異なるのである。同様に「つらい」「かなしい」といった言葉が，利用者と相談者の間でまったく同じ感情を表わしているわけではない。利用者の感情を十分に理解しないまま，「よくわかります」と返事をすることはつつしまなければならない。利用者は一時的に「私のことをよくわかってくれた」と感じるであろう。しかし，話しを進めるうちに感情の表現と理解にズレが生じてしまい，感情理解から遠くなってしまうのである。

　感情理解は，支援を効果的に進めるためのものである。仮に，利用者の感情を100％理解するまでに到達できなくても，「理解したい」という積極的な思いと姿勢が目の前の利用者を大切にすることにつながり，「かけがえのない一人」を大切にすることにつながる。

（2）理解するための姿勢
　利用者の感情を理解するための姿勢として，バイステック[3]は以下の6項目を挙げている。
　①安心できる雰囲気をつくることでリラックスして面接を行う。相談室の環境も整備し，机や椅子の位置を工夫するなど，落ち着いた雰囲気で相談ができるようにする。
　②毎回，準備を行う。これまでの記録を読み，内容や利用者・その家族の確認を行う。
　③面接の主訴や目的にそって，利用者に対して最大限の関心をもって面接を行う。
　④感情を自由に表現できるよう，問いかけるなどのはげましを行う。はげまし方は，利用者一人ひとりの状態に適したものでなければならない。
　⑤問題解決に向かうスピードは利用者一人ひとりで異なる。利用者が自由に

感情表現できるまでには早い，遅いがある。くわえて，問題への取り組みや，都合，タイミングなどのさまざまな事情がある。早く解決することが悪い場合もある。

⑥気持ちを表わす意味・内容をじっくり考える。

相談者がこうした姿勢をもつことで，利用者が自由に，そして素直に感情を表現できるよう配慮し，効果的に支援を行うことができるようにするのである。一方で，感情はいつでもどこでも自由に出してよいものではない。私たち相談者は，利用者を守るために感情表現に制限を設けることも必要である。

①相談者の技能や，施設内で提供できるサービスの範囲内でとどめる。

②初期段階で深すぎる感情を出させない。

③利用者の抱える感情や荷物のすべてを背負う必要はない。

④相談者や施設に対する敵意を吟味し，必要がある場合には受け止める。しかし，注目を集める，試すなどの不健康な行為に対してはげましを行うと，問題解決を長引かせるなど，利用者の不利益につながる。

（3）感情表現を大切にする

利用者が抱える問題について，「利用者自身がどのように感じているのか」を語れるのは，利用者だけである。どのように感じ，どのような意味をもち，これまでの人生でどのように位置づけ，これからの人生でどのようにしたいのか，これらを語れるのは利用者本人でなければできない。語りのなかで表わされる感情は，利用者の状況を理解する重要な資料となる。

利用者がさまざまな感情を出すと，初心の相談者は面接がうまくいっているように感じる。しかし，利用者は中身がみえない「ブラックボックス」のふたを大きく開けて，手あたり次第に感情を外に出しているだけである。利用者が希望しないスピードに，相談者が加速させてしまったのである。利用者が希望するスピードかどうか，感情の出し具合を注意しなければならない。少し早いと感じたら，その時点でかならず止めることである。収拾がつかなくなると，利用者は疲れ，感情を出したことに対する後悔や罪悪感をもつ。予約のキャン

セルや，面接自体の放棄につながる可能性が出てしまう。収拾がつかなくなるより，止めて次回の面接につなげた方が利用者の利益になるのだ。ストップした後，「今日はたくさんお話くださったように感じましたが，○○さんはいかがですか」と感想を聞くことや，「お疲れではありませんか」と確認することも重要である。こういった行為は，「ブラックボックス」のふたを閉じることにつながるのである。

　面接を終える際には，「面接終了」をはっきりと伝えることが重要である。面接室を一歩外に出ると，そこは利用者が安心して感情表現できる場ではないことの方が多い。自由に感情表現した利用者が，安心できない場所で同じように感情表現してしまったら，不利益な状態になることの方が多い。利用者が面接室以外で自分自身の力を発揮し，自身をコントロールできるようになり，安全な場所が増えるまでは，「安全な場所から，安全ではない場所に移る」ことを利用者に意識させる必要がある。そのために「面接終了」を明確に行うことが重要である。「ブラックボックス」のふたを大きく開けたときは，特に重要である。次回，安心して「ブラックボックス」のふたを開けるためにも，安心できる場所以外ではふたは閉じたままの方がよい。

第3節　保育士自身の感情調整——制御された情緒関与の原則

（1）売り言葉に買い言葉

　「売り言葉に買い言葉」という言葉をご存じだろうか。相手に対してけんかを起こすような言葉をかけ，いわれた方も同じような言葉で返すということわざである。人と人は，一方的な関係ではない。お互いに影響を与え，影響を受ける関係である。

事例4

今やろうと思ったのに

　かずおさん（仮名）は最近いそがしく，自分の部屋の掃除をしていませんでした。

お母さん「かずお，掃除しなさい」。
かずおさん「うるさいなあ」。
お母さん「何なの，その言葉は」。
かずおさん「うるさいからうるさいっていったんだよ。今やろうと思ったのに，そんな風にいわれたらやりたくなくなるんだよ」。
お母さん「今やるって，前からいってるじゃないの。あんたは昔からそうなのよ」。
（以下，続く）
出所：筆者作成。

　事例4のような出来事は，みなさんも経験があるのではないだろうか。お互いに言葉がひどくなるこのようなやりとりでは，態度や気持ちをかたく，冷たいものにするばかりである。反対に，やさしい言葉や思いやりのある言葉は，お互いに言葉をやりとりするなかで，態度や気持ちをやわらかく，温かいものにするのである。スマートフォンのメッセンジャーアプリをお使いの人は，言葉が行き来する様子を思い浮かべやすいだろう。

　面接の場面では，言語や非言語が行き来するなかで，「売り言葉に買い言葉」をするのではなく，相談者が意識的に「言語」「非言語」をコントロールし，利用者が相談しやすい環境や，気持ちを受け止めてもらったと感じられる態度をとる必要がある。相談者のこうした態度は，利用者との間で円や環を描くようにやりとりを重ねるなかでじょじょに利用者に伝わり，利用者の意識や面接の雰囲気を変化させるのである。

- コラム -

コントロール

　面接における「コントロール」とは，利用者をコントロールすることではありません。相談者が自分自身をコントロールすることを指しているのです。他者をコントロールしようと思っても，相手は意思や感情をもった人間です。コントロールはむずかしいし，何より，コントロールしようと思う時点で尊厳を軽視しているのです。

　自分自身をコントロールするためには目の前の利用者との話を聴きながら，「今，ここで」私は何を感じ，どのような感情をもっているのか，つねに自己理解を行うことが必要です。こうした自分自身にもとづくコントロールができていないと，自分を見失ってオロオロしてしまい，利用者に振り回されることもあります。自分で手に負

えない相談は引き受けないことも自分自身のコントロールにつながります。

出所：国谷誠朗・東京家族療法研究会編著「逐語録による国谷セミナー　第Ⅰ部　ラバーテ理論による家族療法入門」『チーム医療』72頁，1996年を参考に，筆者作成。

（2）感情調整するための姿勢

相談者が自分自身をコントロールするためには，どのようにしたらよいのであろうか。コラムにもあったように，目の前の利用者の話を聴きながら，「今，ここで」私は何を感じ，どのような感情をもったのかモニターし自覚することである。こうした自己理解をつねに行うことが必要なのである。こうして行われた自己理解によって自身の感情を吟味し，利用者を支援するために適切な「言語」「非言語」を用いて支えるのである。以下の3項目は，こうした自身の感情をコントロールするために必要な内容である[4]。

①感受性

相談者に必要な「感受性」とは，利用者の感情を観察し傾聴することである。利用者による「言語」「非言語」の感情表出は，重要な意味をもつものである。このことをつねに意識する必要がある。そのためには，利用者の感情を知るための作業を妨げないように，相談者自身がもつ感情の傾向を知り，その傾向が作業を邪魔しないように自覚しておく必要がある。

②理　解

利用者の感情理解は，私たちの日々の自己研鑽の積み重ねによって行われる。相談援助や心理学，それらの周辺領域の学習は必要不可欠である。そうした知識を基盤にして，利用者一人ひとりの理解を深める必要がある。

③反　応

感受性と理解をもとに，利用者の感情に対して適切に反応することで，支援はより良いものとなる。適切とは，支援の目的，タイミングにあった反応である。そのためにも相談者自身の「言語」「非言語」に十分に配慮する必要があるが，こうした反応は，相談者の心をとおした反応でなければ意味がない。

第 4 章　保育士に求められる基本的な姿勢

（3）感情を伝える

　感情を伝えることは簡単なように思える。特に，本書で学ぶ学生のみなさんは友人や家族の間での会話にはそれほど気を配っていないのではないだろうか。人とのかかわりに敏感になっている利用者に対し，表面的な反応はかえって関係性を悪化させる。何より，利用者に対して誠実な態度ではない。利用者の感情表現に参加する意識をもち，自身の感情をモニターする必要がある。利用者が話したい気持ちをもっているのなら，それを優先させることも，重要な反応である。次は少し極端な事例である。同じような場面でも事例5の園長先生のようにしない方が良いときもある。しかし，それだけ相談者が利用者の話すことに気を配り，感情表現を優先することの重要性が理解できるであろう。

事例5

中断させない

　新人保育士のみかさん（仮名）は，記録係として利用者と園長先生の面接に同席することになりました。つらい思いを話す利用者の目には，涙がたまっていました。ティッシュペーパーを渡そうとすると，園長先生に止められました。面接後にその理由を聞くと，「一生懸命に話しているときに，ティッシュペーパーを渡すと，話を中断して泣いていいよといってしまうことになる。話したいのだし，私も聞きたい。だから話すことを優先できるように支えなければいけない」とその意味を教わりました。

出所：筆者作成。

第4節　受容の意味とその方法──受容の原則

（1）受容とは

　受容とは，利用者を「受け止める」行為である。では，受け止めるとはどのような行為であろうか。バイステックは，支援を目的として理解し，敬意を払い，愛し，把握し，認識し，援助し，迎えることとしている。つまり，ありのままの利用者の姿を客観的にみつめ，全体にかかわって支援することである。
　しかし，利用者の行為には法的に，あるいは道徳的，社会的に認められない

61

行為がある。受容はこれらの行為自体を許容したり，容認したりするものではない。こういった行為をしている「現在の利用者のありのままの姿」を受容するのである。ありのままの姿を受容することで，利用者は安心・安全で，防衛することなく自由に話せる場であることを理解するのである。そして，効果的な支援が可能となる。「受容される体験」をとおして，最終的には自らの問題を自分なりに対処できるようになるのである。

事例6

かわいそう

　あいさん（仮名）は今，ある問題を抱えた家族と面接中です。これまでのつらい状況をお父さんが話しています。突然，中学生の息子が口を開き「あんたたちはいいよね，話を聞いているだけ。俺たちの苦労なんか，わからないでしょう」と悪態をつきました。

　あいさんは，息子の姿をみて「いろいろと大変なことがあって，人にあたらなければならないね。かわいそうに」と思いました。

出所：筆者作成。

　あいさんの思い，みなさんはどのように感じただろうか。「かわいそう」という言葉から，あいさんは受容ではなく，「同情」している様子である。受容は同情でも，同調でもない。ありのままの姿を受け止めるのである。

　一方で，中学生の息子の姿を，みなさんはどのように感じただろうか。私たち一人ひとりには，これまでの体験から学んできた「その人なりのやり方」がある。会ったこともない相談者に対して，すべてを打ち明けることは不安である。こうした場面では，「その人なりのやり方」が活発化する。また，信頼できる人か，どんな反応をするのか，ひどい言葉をいって試すことはよくあることである。人を試さなければならないほど，大変な状況を経験してきたのかもしれないのである。こうした行為を許容したり，非難したりするのではなく，今の利用者の姿の一部分として受容することが重要である。

（2）受容するための姿勢

　事例6に出てきたあいさんが，もしあなたであったらどうであろうか。私たちも人間である。今日初めて会った人から否定的な感情や態度を示されたら，悲観的な感情をもったり，不安な気持ちになったりするかもしれない。しかし，相談者としてみた場合，こうした感情を利用者が表わすことができたことは大きな成果なのである。そして，こうした感情表現を受け止める態度が重要である。相談者が利用者の感情表現を大切にする態度をもっていなければ，支援がうまくいかないことは，これまでの説明でも理解できるだろう。[6]

　相談者が行う「受容」には「反応」が欠かせないが，この「反応」にはいくつかの特徴がある。相談者が行う支援関係は利用者のニーズを満たすために実施されており，専門家としての対応が期待されている。友人や家族から受けられる程度の反応やアドバイスは期待されていない。また，初回面接においては，次回以降につながるように「わかってもらえた」「安心して話せる」という気持ちをもってもらうことが大切である。

　利用者は本来，自分の問題を解決する能力をもっている。しかし，今は何らかの理由でその力が発揮できないだけである。こうした「今は発揮されていない本来の力」が出せるよう，利用者の成長を促す専門的な支援が必要である。相談者は専門家としての力を期待されているが，つねに，そして将来にわたって支援することはできない。相談者の専門的な支援は「感情を受容する」ことである。だれにも理解されなかった感情や思いを「わかってくれる人」が登場することで，1日中頭を占領していた感情がじょじょに整理されるのである。余裕ができることで，抱えている問題を自らの力を発揮して整理できるようになるのである。

　相談者の反応には支援の目的や，相談援助などの知識を基盤にした「思考」と，自己理解を基盤にした「感情」の要素がふくまれる。自己理解は，自己の受容を深めることで利用者を受け止める態度や行為を高める。私たちも「その人なりのやり方」をもっているのである。自身の「やり方」を知る経験は，受容を行うときの「反応」に大きく役立つのである。

相談者が反応する方向は，勤務する施設や保育所が提供できるサービス内容の範囲を超えることはできない。サービスを超えることが予測できる場合，他機関の紹介や，連携を考慮して反応する必要がある。

（3）受容に立ちはだかる壁を越える
受容には越えなければならない壁がある。この壁の根本は自己理解ができていないことが原因である。自己理解を促進し，壁を越えるための改善策として，バイステックは次の8項目を挙げている。[7]
①人間行動への知識をもつ
②自分自身を受け止める
③感情は自分で責任をもつ
④偏見・先入観を排除する
⑤利用者を心からはげます
⑥「受け止め」と「許容」を区別して実施する
⑦利用者に対する敬意をもつ
⑧「同一視」を適切に行う

⑧は，相談者は利用者に対し，多かれ少なかれ「同一視」を行う。適切な同一視は，相談者と利用者の情緒的な結びつきをもたらし，支援を促進するものである。しかし，過剰な同一視は利用者の味方となり，相対する者や組織を敵として，過剰な対応を行うこととなる。味方，敵の関係性をつくることは，問題をより複雑化するとともに，利用者を危険にさらすこととなる。自己理解が十分にできている場合は，こうした過剰な同一視になる前に気づき，味方・敵の関係性をつくることはないのである。

第5節　子どもや保護者の発言や行動の理解

（1）発言と行動
面接をしていると利用者のさまざまな過去の行動を知る。ときには，法やモ

ラルに反する行動を知ることがある。あるいは，目の前で法やモラルに反する発言や行動を行うことがある。こうした発言や行動は，社会的に容認されることではない。しかし，こうした相談援助の場においては，利用者を一方的に裁いたり，非難したりしない立場をとっている。

--- 事例7 ---

あなたのやり方が悪い

　ひろこさん（仮名）はある問題を抱えています。毎日，朝から夜まで悩んで，寝ることもできません。良い解決方法が思い浮かびませんでしたが，一生懸命に問題を解決しようと取り組んでいます。どうすることもできなくなり，家族や友人たちにも相談しましたが，良い解決方法は出てきません。あるとき，大学の先輩に相談してみました。先輩は話を聞いた後「あなたのやり方が悪いのよ。そんなことをしているから全部だめにしてしまうのよ」といわれてしまいました。

出所：筆者作成。

　この事例のように非難されてしまうとどのような気持ちがするだろうか。相談者の目の前に現われる利用者は，何度もこのような非難を受けている可能性がある。最後の最後に，施設や保育所で時間を予約してまで相談しようと思うのである。最後の最後に，また同じように非難されてしまったら，もう行き場がないのである。利用者は支援を求めているのであり，しかられたり，非難されることを望んでいるのではないのだ。安心して話せる場であるためにも，非難は避けなければならない。

　何より，相談援助を行うために必要なことは「どうしてこのような発言や行動を行うのか」その感情や意図を知ることであって，非難しても問題の解決にはつながらないのである。「なぜ，今（この場所，この時間，このタイミング），この言葉をあえて使ったのだろうか」「なぜ，言葉は『つらい』といいながら，表情は笑っているのだろうか」「この行動が繰り返されるのは，どんな意味や理由があるのだろうか」など，利用者を深く理解しようとしたら，短い面接時間に非難する時間は割けないのである。

（2）理解するための姿勢
　相談者が非難しないことがわかると，利用者は自分を守る必要がなくなる。[8] 自分を守るための配慮は必要なくなり，自分の抱える問題に対してより深く向きあうことができるのである。
　しかし，法やモラルに対する行動については関心をもつ必要がある。これは，この利用者が法やモラルをどのように位置づけ，法やモラルといった基準とどの程度異なるのかを知るためである。たとえば，ある事柄に対して一般的に「これはしてはいけない」という基準と利用者の基準がかけ離れていた場合，行動の再現性が高まるのである。くわえて，社会的に「普通」と呼ばれる行為に対して，どの程度異なるのかについても注意する必要がある。「普通」から離れた基準をもつ場合，「生活しにくさ」「生きにくさ」を感じることがある。こうした理解は，利用者を守る行為につながるのである。

（3）望ましくない行動への対応
　利用者はときに法の逸脱行為や，相談者・施設に対する敵意をあらわにすることもある。相談者は「非難しない」ことを知的レベルでは理解していても，感情レベルでは理解できないことや，受け入れられないことがある。[9] こうした「理解できない」「受け入れられない」という感情が利用者に伝わってしまうことがある。
　感情のレベルで理解するためには，どうしてこのような発言や行動を行うのか，利用者の感情や意図を知ろうとしなければならない。一方，相談者の「非難しない」という態度は，利用者の感情のレベルで理解される必要がある。感情のレベルで理解される過程では，試し行動を行う利用者もいるかもしれない。相談者は面接中のあらゆる場面においてお互いの理解を深めることを意識して，感情をコントロールする必要がある。

第6節　意思の尊重と自己決定の促進──自己決定の原則

（1）「自分で決める」ということ

相談援助は，利用者の主体性を保障し，存在を認め，尊厳や人権を回復する営みでもある。利用者の主体性を保障するためには，利用者が自分で考え，自分で決めることが不可欠である。

事例8

一緒でいいよね

みちこさん（仮名）は，お母さんとお姉さんと3人で買い物に行きました。帰り道，喫茶店に行くことにしました。
お姉さん「私はいちごのショートケーキ」
お母さん「私はモンブラン。みちこはお姉ちゃんと一緒でいいよね」
みちこさん「えっ，いやだ。私はマンゴーのケーキがいい」
お母さん「きょうだいなんだから，一緒でいいでしょ」

出所：筆者作成。

この事例に近い経験をもっている人は多いだろう。こういった身近な場面でも，自分の考えが無視されることがある。これが，人生にかかわる問題であったら，どうなるであろうか。「○○さんは××さんと同じような問題だから，同じ解決方法でいい」などと解釈しては，利用者の尊厳を認めないことになる。相談者は利用者の意思を確認しながら，適切な資源が利用できるように支援する必要がある。また相談者は，自動車のカーナビゲーションシステムのように，さまざまな条件のルートを示すが，ルートを決定するのは人生の運転手である利用者本人なのだ。利用者が途中でちがう方向に向かったら，私たちはすぐに新しいルートを示すのである。

もし利用者が何らかの理由で一時的に自己決定を行うことができない場合であっても，利用者の意思を無視して一方的に決定し指示することは，利用者の権利を侵害することにつながる。

（2）自己決定促進のための姿勢

バイステックは利用者の自己決定促進と尊重のために，相談者がもつ姿勢として，次の4つの項目を挙げている。[10]

①利用者が自身の抱える問題やニーズを正しく理解し，見とおしをもつことができるように支援する。

②複数の社会資源がある場合は，適切な社会的資源を活用できるように支援する。

③利用者自身の資源を使えるようにサポートするなどの刺激を行う。

④地域の社会資源と自身のもつ資源とを活用するなど，利用者が問題を克服し，成長する環境をつくる。

このような姿勢をもって利用者と相互に作用することによって，効果が上がるのである。利用者のスピードとやり方を理解し適切に支援することで，利用者が成長することができる。今後同じような問題が起こった場合でも，自身のもつ資源や地域の社会資源を有効に活用して，自らの力を十分に発揮して問題解決が可能になるよう，私たちが見とおしをもって成長を支える必要がある。

（3）自己決定の制限

自己決定は利用者の主体性を保障し，存在を認め，尊厳や人権を回復する営みであるが，制限が設けられることがある。何もかも決定することができる許可が与えられているわけではない。制限が設けられる場合について，バイステックは4項目に整理した。[11]

①利用者自身の制限

利用者自身の能力を超えてまで自己決定が与えられるわけではない。自己決定の範囲は，一人ひとり個別的に判断されるものであるが，安易にその能力を判断してはならない。相談者は，利用者の能力を正しく判断できるように知識・技術を高めなければならない。

②法律の制限

法律にもとづく制限は，利用者にも比較的受け入れやすいであろう。しかし，

法律を逸脱してもよいとの考えをもっている利用者の場合は、この制限に適応できるよう支援する必要がある。

③道徳の制限

法律の制限と同様に、受け入れやすい制限である。しかし、法とは異なり罰則がないため、抑止力は弱い。罰則はないものの、逸脱した行為にはこれからの人生や自分自身の精神的な打撃を受けることが予測できる。利用者の良心を尊重し、自らのもつ良心の範囲内で決定するよう、支援しなければならない。

④各施設の状況による制限

それぞれの施設は目的をもっており、その目的を達成するためにサービスを提供している。それらを超えたサービスは提供できない。利用者が希望しても提供できないサービスを選択することはできないのである。このような場合、利用者は提供可能な範囲内のサービスを選択するか、希望するサービスが提供可能な他の施設を選択する必要がある。どちらを選ぶかは、利用者が決定する。

第7節　守秘義務、守秘義務に求められるもの——秘密保持の原則

（1）守秘義務とは

守秘義務とは、職務を行ううえで知った秘密を守る義務のことである。相談者は利用者が施設の利用や面接を行う際には、利用者個人やその家族の情報を知ることがある。これらの情報のなかには他者に知られたくない秘密もふくまれているため、漏れないよう秘密の安全を保つ必要がある。

秘密を守ることは、法律で定められているから行うのではない。専門職としての倫理的な義務であり、さらには、相談援助の効果を高める要因の一つとして位置づけられている。利用者は相談や支援を受ける代償として、自身の秘密が漏れるとは思っていない。秘密が漏れるなら、相談しないのである。秘密を守ることは、利用者との信頼関係をつくるうえで欠かすことはできないのである。

（2）守秘義務のための姿勢

秘密を守るために私たちはどのようにしたらよいのだろうか。まずはこの事例9を読んでほしい。

事例9

悩んでるんだって

　はるかさん（仮名）は家族の悩みを抱えています。その悩みを「絶対に、だれにも話さないでね」とお願いして、かずみさん（仮名）に話しました。それから数日たって、ゆいさん（仮名）が「はるか、家族のことで悩んでるんだって。そんな簡単なこと、全然大丈夫だよ」と、はるかさんに話しかけてきました。

出所：筆者作成。

この事例では「絶対に、だれにも話さないでね」といっているのにもかかわらず、他者にその秘密を漏らしたのだ。こうした「秘密の保持を約束したうえで伝えられる秘密の情報[12]」は、漏らさないでほしいとの約束が行われている。

一方、相談援助の場においては「相手に一任した秘密の情報」であり、信頼感のうえに打ち明けられた秘密の情報である。明確に「漏らさないでほしい」と約束が行われていない話題であっても、「当然、漏らさないよね」という信頼感をもとに打ち明けられており、当然に漏らしてはならないのである。また、他者に知られたら、名誉を失う、傷つく、悲しませるといった場合の秘密も当然に漏らしてはならない。

相談者と利用者の間には、明確に約束されていなくとも「秘密は守られるはず」という暗黙の了解が初めから存在している。この暗黙の了解が生じ、「安心して秘密を話せる人」と見なされて秘密が話されるわけである。ここに倫理的な義務が生じるのである。倫理的な義務を負いたくなければ、この仕事を辞めるか、「私は安心できませんから、秘密を話さないでください」と、利用者に伝えたうえで、面接を行わなければならない。

（3）職場の守秘義務

　面接の内容は，支援の効果を高めるため，相談者から職場に対して報告やケース会議，情報交換などで伝えられ，「集団守秘義務」として秘密が守られる。つまり，自分が担当していない相談についても知ることがあるが，こうした内容については「集団守秘義務」として秘密を守る必要がある。この場合，直接の担当者ではない以上，利用者に対して秘密を知っていることをいうべきではない。あくまでも支援の効果を高めるために行われるものであるからだ。

　また，他機関との連携については，まずは利用者の同意が必要なため，情報も同意が得られてから伝える必要がある。

【振り返り問題】

1　第4節(3)の「同一視」について調べてみよう。
2　利用者の感情を理解することについてまとめてみよう。
3　あなた自身はどのような人ですか。自分の「理解」を行ってみよう。

〈引用文献〉
(1)　ビートたけし『ヒンシュクの達人』小学館，2013年，36〜40頁。
(2)　バイステック，F.P./尾崎新・福田俊子・原田和幸訳『ケースワークの原則［新訳　改訂版］――援助関係を形成する技法』誠信書房，2006年，46〜50頁。
(3)　前掲書，63〜69頁。
(4)　前掲書，77〜93頁。
(5)　前掲書，110頁。
(6)　前掲書，121〜128頁。
(7)　前掲書，129〜139頁。
(8)　前掲書，141〜158頁。
(9)　前掲書，141〜158頁。
(10)　前掲書，166〜169頁。
(11)　前掲書，175〜188頁。
(12)　前掲書，194〜196頁。

〈参考文献〉
アイビイ，アレン・E./牧原眞知子・杉山喜代子・國分久子・楡木満生訳『マイクロカウンセリング――"学ぶ―使う―教える"技法の統合：その理論と実践』川島出版，1985年。
尾崎新編『「ゆらぐ」ことのできる力』誠信書房，1999年。

空閑浩人編著『ソーシャルワーク入門』ミネルヴァ書房，2009年。
バイステック，F.P.／尾崎新・福田俊子・原田和幸訳『ケースワークの原則［新訳　改訂版］
　　──援助関係を形成する技法』誠信書房，2006年。
国谷誠朗・東京家族療法研究会編著「逐語録による国谷セミナー　第Ⅰ部　ラバーテ理論による家族療法入門」『チーム医療』，1996年。
国谷誠朗・東京家族療法研究会編著「逐語録による国谷セミナー　第Ⅱ部　ラバーテ理論による愛と親密」『チーム医療』，1998年。
和田光一監修／横倉聡・田中利則編著『保育の今を問う相談援助』ミネルヴァ書房，2014年。
佐治守夫・飯長喜一郎編『［新版］ロジャーズ　クライエント中心療法──カウンセリングの核心を学ぶ』有斐閣，2011年。

（野島正剛）

第5章
相談援助の具体的な展開過程

―本章のポイント―

相談援助において，来談者に対して安易に支援を行うことは，来談者の求めるニーズ解決に至らないどころか，支援が来談者にとって悪影響になってしまうおそれがあります。相談援助を進めるうえでは，相談援助が行われる過程を正しく理解するとともに，展開過程で注意すべきことに配慮しながら，来談者からの訴え（主訴）を正しく理解し，支援内容の検討，支援内容にそった支援の実施，来談者とともに支援内容の結果を評価します。保育者が保護者の子育ての悩みを受け止め，的確な支援を行うためには相談援助の正しい展開過程を理解する必要があります。この章では，事例をもとに相談援助の具体的な進め方について学びます。

第1節　相談援助活動のあり方

（1）相談援助活動の理解

相談援助の活動は人を相手にする「対人援助の活動」である。相談者は来談者の抱えるニーズや気持ちを受け止め，来談者が問題解決してゆけるよう支援してゆくことが大切であり，そのためには来談者と相談者との間にお互いを認めあえるような関係をつくることが不可欠である。特に保育現場で行われる相談援助の場合には子どもの発達や子育て支援，家庭内のさまざまな問題が内在されている場合が多く，保育士には保育所等で通常取り組まれている保育活動とは異なる配慮を求められる場合があり，前章までに説明した相談援助に関す

る理解（第2章参照）や来談者に接する際の基本的な技術や心得（第3章参照），コラム1のバイステックの7原則をふまえつつ，来談者との間に良好な信頼関係を構築できるような働きかけが必要である（第4章参照）。

コラム1

バイステックの7原則

　フェリックス・P・バイステック（Biestek, F. P.）が1957年に著書『ケースワークの原則』で示したケースワークを進めるうえでの基本的な原則です。バイステックの示した7つの原則とは以下のようなものです（第4章にも説明あり）。
　ケースワークの活動は利用者（来談者）と援助者（相談者）間の「信頼関係（ラポール）」にもとづいた「専門的な援助関係」であることから「専門的な援助関係」を原則の一つととらえ，「バイステックの8原則」という場合があります。
　①個別化の原則
　人に個性があるように，来談者の抱える困難や問題などは，「似たように」みえても，来談者個人によって受け止め方はさまざまであり，意味あいが異なります。「同じ問題は存在しないことを認識し来談者を相談者の経験や価値観で評価してはいけない」という考え方です。
　②意図的な感情表出の原則
　来談者の感情表現の自由を認める考え方で，相談者は来談者の考えや感情（肯定的な感情も否定的な感情も）を自由に表現できるような環境調整や働きかけを行い，来談者の感情表現を大切に扱うことが大切であるという考えです。たとえば，来談者にとって苦しいことがあって泣いたり叫んだりすることがあったとしても，相談者は途中で遮らないで冷静に受け入れ，来談者の問題を整理しながら接する必要があります。だれにでも内にたまっている不安な気持ちなどを吐き出したいという欲求があります。そうしたときに，その感情を善悪の価値判断をくわえずに聞いてくれる人の存在は大きく，来談者にとっては新たな出発の始まる大切な機会となる場合が多いです。
　③受容の原則
　来談者はさまざまな環境で育ち生活し，その人生経験や個性，考え方や価値観が異なっていることから，来談者の示す言動について「頭から否定するのではなく，どうしてそういう考え方になるかを理解する」という考え方です。
　相談者が来談者への直接的な命令や行動，感情の否定などを行うことは禁じられますが，人が生活してゆくうえで必要な道徳や社会のルールに反する行為までを受け入れることではなく，相談者は来談者をあるがままの姿でとらえ，受容することが必要であるということです。

④制御された情緒関与の原則

相談者には自分自身の感情を自覚（**自己覚知**）して，来談者が表わすさまざまな感情を受容的・共感的に受け止めることが求められ，自分自身が来談者自身の感情に呑み込まれたり同化したりしないようにする考え方で，来談者を支援課題（問題）に解決に導くために必要な原則です。

⑤非審判的態度の原則

支援者は利用者の言動や行動を，一般の価値基準や支援者自身の価値基準から良いとか悪いとか評価する態度を慎み，来談者のあるがままを受け入れるように努め，利用者を一方的に非難するのではなく，その善悪の判断は来談者自身が行うことができるように援助してゆくという考え方です。

⑥自己決定の原則

支援者は利用者が自分自身の意思にもとづく決定ができるように支援していくという原則です。問題解決の主体は来談者自身であることから解決に向けてのさまざまな対応を提示しつつ自己決定を促し，尊重してゆく必要があります。今後起こり得る同様のケースが発生した場合，来談者が自分自身の力で解決してゆくことなどが期待されます。

⑦秘密保持の原則

相談援助をはじめとした対人援助の活動においては来談者の個人的情報は絶対に他にもらしてはならないという原則があります。来談者から信頼を得るためには，援助関係のなかで来談者の言動や状況を秘密（プライバシー）として守らねばなりません。またプライバシーが守られることが保証されることにより，初めて「意図的な感情表出」も可能となります。

※専門的援助関係の原則

支援者は，個人的な興味や関心から来談者の相談援助などの活動に関与してはならない，支援者は，つねに専門職としての自覚と態度をもって来談者に臨まなければならないとする原則です。

出所：筆者作成。

（2）相談援助の展開過程の意義

相談援助の活動では個別援助技術を用いる場合が多い。個別援助技術についてパールマン（Perlman, H. H.）は，「個別援助技術は，個人が社会に機能する際に出会う問題を，より効果的に処理できるよう援助するために，ある人間関係機関によって用いられる過程である」とし，活動を具現化するために必要とされる構成要素として，①来談者（Person），②対象となる問題（Problem），③

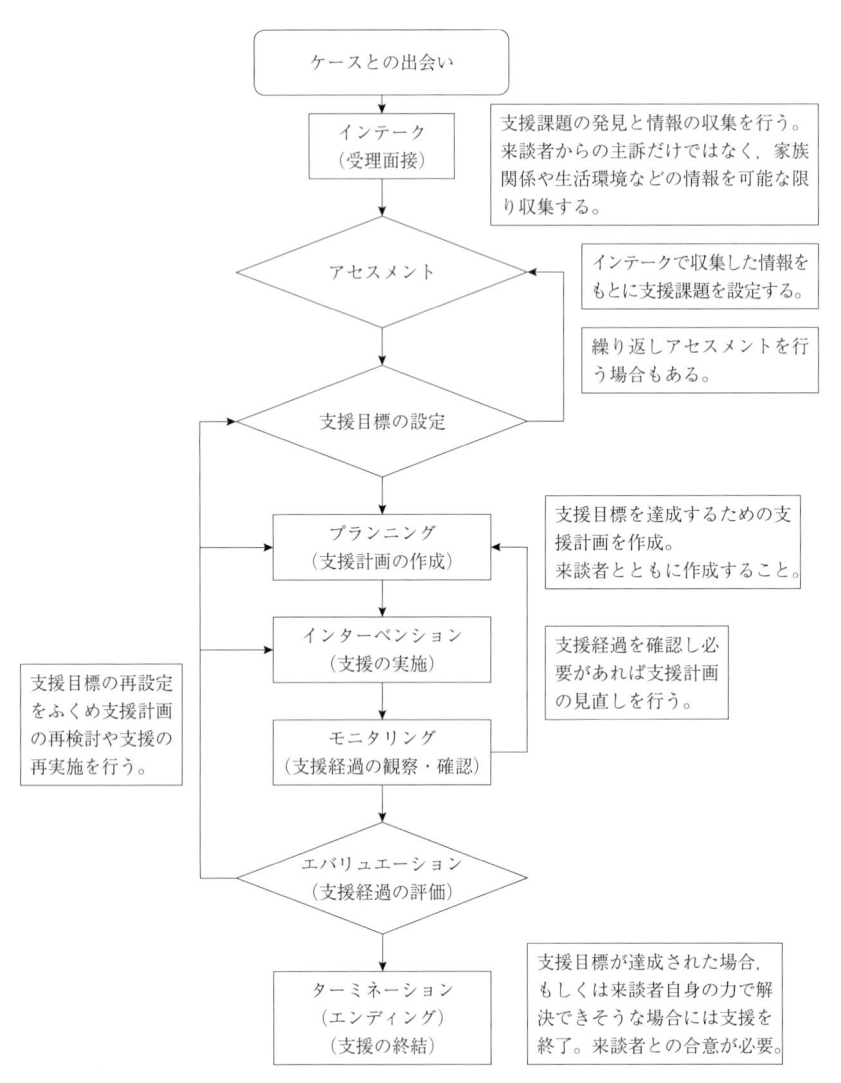

```
                    ┌─────────────┐
                    │ ケースとの出会い │
                    └──────┬──────┘
                           ↓
                    ┌─────────────┐     ┌──────────────────────┐
                    │   インテーク   │────│ 支援課題の発見と情報の収集を行う。│
                    │   (受理面接)   │     │ 来談者からの主訴だけではなく，家族 │
                    └──────┬──────┘     │ 関係や生活環境などの情報を可能な限 │
                           ↓            │ り収集する。          │
                                         └──────────────────────┘
                    ┌─────────────┐     ┌──────────────────────┐
                    │  アセスメント  │────│ インテークで収集した情報を │
                    │             │     │ もとに支援課題を設定する。 │
                    └──────┬──────┘     └──────────────────────┘
                           ↓             ┌──────────────────────┐
                                         │ 繰り返しアセスメントを行 │
                                         │ う場合もある。        │
                                         └──────────────────────┘
                    ┌─────────────┐
            ┌──────→│  支援目標の設定 │
            │       └──────┬──────┘
            │              ↓
            │       ┌─────────────┐     ┌──────────────────────┐
            │       │  プランニング  │────│ 支援目標を達成するための支 │
            │       │ (支援計画の作成) │     │ 援計画を作成。        │
            │       └──────┬──────┘     │ 来談者とともに作成すること。 │
            │              ↓            └──────────────────────┘
┌──────────┐│       ┌─────────────┐
│支援目標の再設定│└──→│ インターベンション │
│をふくめ支援計画│     │  (支援の実施)  │     ┌──────────────────────┐
│の再検討や支援の│     └──────┬──────┘     │ 支援経過を確認し必 │
│再実施を行う。 │            ↓            │ 要があれば支援計画 │
└──────────┘      ┌─────────────┐────│ の見直しを行う。   │
                    │  モニタリング  │     └──────────────────────┘
                    │(支援経過の観察・確認)│
                    └──────┬──────┘
                           ↓
                    ┌─────────────┐
                    │ エバリュエーション │
                    │ (支援経過の評価) │
                    └──────┬──────┘
                           ↓
                    ┌─────────────┐     ┌──────────────────────┐
                    │  ターミネーション │────│ 支援目標が達成された場合， │
                    │  (エンディング) │     │ もしくは来談者自身の力で解 │
                    │  (支援の終結)  │     │ 決できそうな場合には支援を │
                    └─────────────┘     │ 終了。来談者との合意が必要。│
                                         └──────────────────────┘
```

図5-1　相談援助の主な流れ（相談援助過程）

出所：筆者作成。

面接が実施される場所（Place），④支援の具体的な展開過程（Process）の4つ（「4つのP」という）が必要であるとしている。

4つめの構成要素である援助の具体的な展開過程は通常，ケースの発見から具体的な支援の実施を行い終了するまでに一定の原則に沿った取り組みが行われる（図5-1）。

相談者は一つひとつの過程において来談者が取り組むべき課題を明確にしつつ，来談者の気持ちに寄り添い，結果のみに固執せず相談援助の活動を進め，その結果に至った過程を大切にすることが重要である。

そのためにも相談援助を進めるうえで，活動の展開過程が構造化されているということは，相談者にとって援助の目的や見とおしを明確化するとともに支援の準備や振り返りを行うことを容易にさせる役割がある。

第2節　相談援助の展開過程の実際

相談援助の活動は来談者からの相談内容をどのように受け止め，どのような観点で具体的な支援を行い，どのような状態になったら支援を終了するのかを見きわめることが大切である。相談援助の活動は前述したような展開過程をとおして実施されるが，読者の理解を深めるために保育所に通っている子どもの母親が直面している子育てに関する問題について，保育所の保育士の取り組んだ支援経過（事例）を参考に，支援過程の各段階で取り組むべきポイントについて概説を行う。

（1）ケースの発見

ケースの発見は，相談援助を展開するうえで初期の段階であり，来談者自らが不安や自分自身では解決がむずかしいと感じる課題を抱え，相談者もしくは役所や児童相談所などの援助機関に相談する場合や，来談者自身は問題に気づいておらず通園している保育所や幼稚園の保育士や教諭，児童福祉施設の職員，保健所等の保健師，通学している学校の担任教員などが発見し，対応可能な範

囲での相談援助を行ったり，関係する相談機関につなげたりする場合などさまざまである。

　たとえば，保育士や幼稚園教諭が保育所や幼稚園において母親との何気ない日常的な会話のなかから子どもの発達や子育て不安に関する心配や悩み，家庭内でのDVや介護問題などをはじめとした人間関係の関係不全を原因として発生する問題，貧困など経済的な不安を原因として発生するさまざまな生活課題等の他，児童や高齢者，障害者などに対する虐待に関する問題が浮上する場合が多く，子どもたちの最善の利益を求めてゆくためにも保育士や幼稚園教諭，児童福祉施設等の職員，小中学校の教職員など，子どもの生活を支える立場にある者には保護者からの話をしっかりと聞いて，必要な対応を行うことが求められる。話を聞いたうえで，自らの所属する機関（たとえば，保育所や保育士個人）における対応できることとできないこと（所属する機関や個人では制度上してはいけないことが多い）を見きわめることも必要とされている。

　保育所は0歳児から小学校入学前までの子どもを預かり保育している関係から，子育てに不安を感じる保護者も多い。保育士は保育所を利用している子どもの保護者との間で日常的にさまざまな会話を交わしているが，そのなかから特別な相談援助が必要となる場合も多い。そのような保育士と保護者との会話のなかから相談援助に発展した事例を参考に，ケースの発見から終結までの一連の流れについて概説を行う。

　事例1-1をご覧いただきたい。ケースの発見は特別な環境ではなく，こうした日常的な会話のなかから発見される場合が多い。

事例1-1

ケースの発見

　まみちゃん（仮名：4歳）は，0歳から保育所を利用しており，4歳児クラスで安定した生活をおくっています。

　4歳児クラスになった6月頃から，急に行動の変化がみられ，担任保育士から離れず抱っこをせがむ，保育活動中に「いやだ！　もうやりたくない！　先生やって！」と活動をやめてしまうことが多くなりました。また，保育士が活動を続けるよう促す

と「うるさい！　バカ！」などの暴言をいうようになり，おねしょをする回数が増加しました。

出所：筆者作成。

　事例では，保育所の保育活動でまみちゃんの行動に問題がみられるようになっていることがわかる。まみちゃんの行動については，お母さんから保育所に対して特に相談はない。つまり，お母さん自身は子どもの問題に気づいていないか，気づいていてもだれかに相談するなどの行動に結びつけられていないのかもしれない。こうした場合には，保育所での様子をもとに，保育士が問題の発見者となり，お母さんにかかわってゆく場合が多い。

　ケースの発見の段階では，対象となる人物は，相談援助の対象とはいえない。ケースの発見によって援助が必要な場合は，対象となる人物をどのように支援に結びつけるかが大切になり，アウトリーチの活用が必要となる。アウトリーチとは，支援の必要性があるにもかかわらず，支援につながっていない，もしくは支援の必要性を感じていない人びとや地域に対して，相談者から支援につなげる働きかけを行う活動のことをいう。支援につながっていない，もしくは支援の必要性を感じていない人びとを支援につなげることは，相談者がつねにそれらの人びととかかわりをもち，信頼関係の構築に努める必要がある。さらに，支援が必要な地域に対しては，相談者が所属する相談援助機関が地域に根づいた活動を行い地域から信頼される機関であることが望ましい。

（2）インテーク（受理）

　インテークとは受理面接ともいわれ，来談者と相談者が初めて相談を行う段階であり，支援の始まりとなる。インテークは，来談者と相談者が初めて援助関係を築く大切な段階である。そのため，相談者は傾聴や受容などの相談援助技術を活用し，来談者の気持ちを受け止め，寄り添うようにする姿勢が重要となる。

　インテークでは，相談者は来談者との今後の援助関係を良好にするために来

談者に対して，信頼関係（ラポール）の形成に努め，「支援の目的は何なのか」「どのような支援を求めているのか」「どのような支援が必要なのか」等，支援を必要とする人の状況をできる限り総合的に把握する必要がある。そのために「波長あわせ」といわれる取り組みが必要とされる。波長あわせとは相談者が来談者の生活状況や潜在的な感情を理解し，関心をよせていることや心配していることなどを感じとり，どのような訴えがあるのかをあらかじめ予想したり，来談者からの微妙なサインを受け止められるように準備したりしておくことであり，相談援助活動の初期段階で特に相談者に求められる取り組みである。

インテークを進めてゆく際には次のような点に留意する必要がある。

①来談者の話（訴え）をよく聞き，来談者の悩みや問題を的確にとらえ，その内容を把握する。把握した内容に対して自分自身の所属する機関（保育所や児童福祉施設，幼稚園，学校，病院など）で対応できるか検討する。

②相談者としてどのような援助ができるのか，相談者の所属する機関・施設の役割を説明する（自分自身のことをよく理解しておく〔**自己覚知**〕必要があり，過信はいけない）。

③相談者は，専門用語の使用を避け，来談者にとって話す内容が理解しやすく，自由な会話方式での環境を提供する。

④援助関係について，来談者の求めることと自分たちの支援できる内容とできない内容を具体的に説明し，支援を受ける意志があるかどうかの意向を確認する。

⑤来談者の意向を確認したうえで，支援に関する契約を行う。

インテークの段階では，相談者は来談者の状況をよく把握し，来談者が感情や気持ちを表出できるように面接を行う場所や相談者自身の身だしなみなどにも注意し，お互いにより良い関係をつくり，支援が効果的に進められてゆくための礎を築いていく必要がある（面接の方法や面接時のコミュニケーションの取り方などの「相談援助の基本的な技術と心得」については第3章を参照のこと）。

事例1-2は事例1-1の事例に対して行われたインテークの実際に関する取り組みの経過である。

> **事例1−2**
>
> インテーク
>
> まみちゃんの保育所における気になる行動や暴言、おねしょの回数が増加してきたため、担任保育士はお母さん（33歳）に家庭での様子を確認しました。家庭の確認をする際は、保育所での様子をことこまかに伝えるとともにお母さんの気持ちに寄り添う働きかけを心がけました。お母さんから家庭でのまみちゃんには、気になる行動や暴言、おねしょもみられないとの報告を受けました。しかし、お母さんとしては、保育所での娘の行動について、不安があり、改善させたいと担任保育士に依頼しました。お母さんからの報告を受けて、保育所では、まみちゃんの行動に配慮をしつつ、本人の気持ちを受け止めることを心がけること、保育所は保護者の子育てを支援する役割も担っており、気になる行動について、保育所とご家族で一緒に考えていきたいということを説明し、お母さんも安心した様子でした。
>
> 出所：筆者作成。

　この事例では、まみちゃんの気になる行動について、担任保育士がお母さんに報告するところからインテークが始まっており、次のような流れのなかでインテークの活動が行われている。

　①担任保育士はお母さんの気持ちに寄り添うことができるように心がけながら、まみちゃんの保育所での様子（気になる行動や暴言、おねしょの回数等）を詳細に伝えた。

　②そのうえで家庭でのまみちゃんの様子を確認した。

　③お母さんからは家庭でのまみちゃんに気になる行動や暴言、おねしょもみられないとの報告を受けた。

　④お母さんとしては、保育所における娘の行動について、不安があり、改善させたいと担任保育士に依頼した。

　⑤保育所では、まみちゃんの行動に配慮をしつつ、本人の気持ちを受け止めることを心がけた保育活動を行うことにした。

　⑥お母さんには「保育所は子育てを支援する役割があるので、気になる行動について、保育所とご家族で一緒に考えていきたい」ということを説明した。

　⑦お母さんも安心した様子であった。

インテークを行うためには相談できる環境が整っていることが大切であるが，このような毎日の保育や生活場面上でインテークが行われる場合もある。担任保育士は，お母さんとの信頼関係を築くための働きかけについて，お母さんの気持ちに寄り添う様子がみられるが，インテークでは大切な姿勢である。また，保育所における子育て支援についての説明を行っており，保護者にとって保育所がどのような役割があるのかという理解を深め，支援関係の向上に努めている。お母さんの悩みは，まみちゃんの保育所の行動の改善であり，そのために保育所とご家族で一緒に考えていきたいということを説明したことにより，お母さんがまみちゃんの行動について安心した様子を確認することができ，信頼関係（ラポール）を築くための基礎の形成ができたことが判断できる。

（3）情報の収集と整理

　情報の収集は，来談者からインテークによって得られた問題の改善すべき課題（主訴）をより明確にするため，来談者自身および来談者の周囲の環境についての情報が大切である。得られた情報は，アセスメントに重要となるため，できる限りの情報を集めるよう努めることが必要である。情報収集は，相談者のみでは限られた情報しか得ることができないため，できる限り，来談者のまわりの環境（関係機関）と連携を図り情報を収集することが望ましい。さらに，相談者は来談者に対して，情報を収集することについて同意を得て行うことが大切である。しかし，たくさんの情報を集めようとして来談者のプライバシーまで侵害することがないよう注意する必要がある。

　情報を収集する方法およびその主な目的は以下のとおりである。
①直接面接による場合
　直接来談者と面接して情報を収集する主な目的は，援助を必要とする人あるいはその家族等に直接面会して必要な情報収集を行うものである。面接調査を行う場合には相談したいと考えている内容や家族関係など事前に確認すべき事項を整理したうえで，調査表等を作成し，その調査項目にそって必要事項の調査をする等の準備を行い実施することが望ましい。

表5-1 相談援助を進めるために必要とされる主な記録・情報

①来談者の名前や生年月日，住所などの基本的な情報
②支援を必要とする理由　③問題の内容　④家族構成
⑤来談者や家族の健康状態など　⑥知的な能力　⑦情緒面の様子
⑧経済的な環境　⑨問題解決能力　⑩友人や知人などの状況
⑪地域社会との関係等

出所：筆者作成。

②訪問して行う場合

　家庭などに訪問して情報収集を行う場合には，面接調査では得られにくい支援を必要とする事実の確認や生活面の様子，近隣との関係などの生活環境や地域社会での生活の実態等をふくめた広範な情報の確認・収集が可能である。目的をふまえ，確認すべきポイントを整理し効率よく情報を収集する必要がある。そのためには調査表等を作成し訪問調査に望むことが望ましい。

③関係機関等に照会して行う場合

　照会による情報収集は主に児童相談所や福祉事務所などで行われる場合が多いが，最近では児童虐待の防止等に関する法律等の規定にもとづいて保育所と児童相談所などでこうした方法にもとづく情報収集が行われる場合もある。いずれの場合であっても得られた情報は個人のプライバシーと関わる部分が多いので得られた結果の管理には十分な注意が必要である（守秘義務の遵守）。

　こうして集められた情報は表5-1のように相談援助に有効に活用できるようにわかりやすく整理・記録し，援助すべき課題が明確となるようにしておくことが大切であるが，相談援助を来談者に寄り添いつつ計画的に進めてゆくためには家族関係や現在の生活環境や地域社会との関係などについてジェノグラムやエコマップ等を用いて整理しておくと問題点を整理しやすく，支援を進めるうえでわかりやすく便利である（記録の目的や方法，記録する際の表記の方法等については第6章でくわしく説明しているので参照のこと）。

　事例1-3は事例1-1に関する情報収集の取り組みの経過である。

> 事例 1-3

情報の収集

　保育所でのまみちゃんの行動やおねしょに改善はみられませんでした。そのため，再度，担任保育士はお母さんにまみちゃんだけでなく，家庭環境に変化がないかどうか確認しました。すると，お母さんが妊娠6週目であることがわかりました。お母さんは妊娠について，「今でもまみの子育てで頭のなかがいっぱいなのに，お腹の子どもをちゃんと育てられるか不安です」と心配そうに話しました。担任保育士はお母さんの不安な気持ちを受け止めつつ，さらにくわしく話をきくことにしました。お母さんは「下の子どもが生まれれば育児休暇を取得するつもりだが，育児休暇明けにちゃんと働けるかどうか，そのためには，お腹の子どもがまみと同じ保育所に入所できるかどうか心配なのです。それに，夫（35歳）は家事や育児に協力的だけれど，仕事で帰りが遅く，今の私の気持ちは理解してくれていないみたい」と泣きながら話しました。担任保育士は，お母さんに対して将来のことについて，これから保育士と一緒に考えてみるよう助言し，その日の会話は終了しました。

　出所：筆者作成。

　事例1-3ではインテーク後のまみちゃんの行動に改善が確認できず，担任保育士は，お母さんに対して家庭環境の変化についての情報を収集している。すると，お母さんが妊娠をしていること等，次のような点がわかった。

　①お母さんは妊娠6週目であること。

　②お母さんは妊娠していることについて，「今でもまみの子育てで頭のなかがいっぱいなのに，お腹の子どもをちゃんと育てられるか不安です」という将来の子育てに対する不安を抱えていること。

　③「下の子どもが生まれれば育児休暇を取得するつもりだが，育児休暇明けにちゃんと働けるかどうか」という不安。

　④「夫（35歳）は家事や育児に協力的だけれど，仕事で帰りが遅く，今の私の気持ちは理解してくれていないみたい」という不安を抱いている。

　情報収集の段階では，インテークで得られた情報よりもさらに詳細な情報を得られることが多い。この事例では，インテーク時のお母さんの悩みはまみちゃんの行動の改善であったが，情報収集の段階で，お母さん自身の悩みは，妊

娠による将来の子育てに対する不安であることが明確になってきている。

　子どもが乳幼児期の段階で，保護者が妊娠すると子どもの情緒に変化がみられることがある。また，お母さんが妊娠もしくは子どもを出産すると，先に生まれた子どもが「赤ちゃん返り」をすることもある。赤ちゃん返りは保護者にとってはその行動や要因がわからないと自分の育児方法に対する不安やストレスにもつながることが考えられる。そのため，保育士は，保護者の育児に対する思いや不安な気持ちなどを受け止めることを心がけ，不安な気持ちを軽減させることが大切である。そのためには，感情や育児に対する思いに支持すること，また，それによる自己肯定感を高める働きを行う必要がある。保護者の子育てに対する自己肯定感を高めるはたらきかけが大切である。

（4）アセスメント（事前評価）

　アセスメントとは，インテークおよび情報収集などから得られた情報をもとに，来談者がどのような問題を抱えているのか分析・解釈を行い，来談者の主訴を明らかにし，援助課題を設定する段階である。

　アセスメントを行ううえでは，必要な情報を細かく収集するとともに分析し適切な評価を行うことが大切である。収集した情報をもとに，支援すべき課題を決定し，支援の計画を立案する。来談者対象における評価は，相談者が一人だけで行うのではなく，相談者の属する機関の職員との連携のもと，さまざまな視点から課題を評価することで所属機関の職員間における共通の認識が図られ，より充実した援助を行うことが可能になる。こうした活動を行う際には来談者の同意と協力を得ることが大切である。

　アセスメントではインテークなどをとおして収集された表5-1に示すような情報や記録をもとに，総合的な評価を行い，援助目標の設定や支援計画の作成（プランニング）に結びつけていく重要な活動である。

　事例1-4は収集された情報をもとに行われたアセスメントに関する経過の一部である。

事例 1-4

アセスメント

　担任保育士は，お母さんに同意を得た後，園長や周りの保育士とともにお母さんとまみちゃんに対する援助の検討を行いました。保育所では，お母さんが妊娠により将来の育児の見とおしがつかず不安を抱えていることが，まみちゃんの行動にあまり良くない影響を与えているのではないかという結論を出しました。

出所：筆者作成。

　これまでに集められた情報から，①まみちゃんの保育所での様子（気になる行動や暴言，おねしょの回数等）の理解。②家庭でのまみちゃんの生活の様子，③まみちゃんの保育所での行動に対するお母さんの不安，④保育所でのまみちゃんに対する保育活動の進め方，⑤お母さんの不安に対して保育所が一緒に考えてゆく，⑥お母さんの健康状態に対する配慮（妊娠6週目），⑦お母さんの将来の子育てに対する不安に対する対応，⑧今後の生活に対する不安（育児休暇後の復職や夫との関係）等について検討され，保育所では，担任保育士が母親の許可を得て，保育所内で開かれる会議でまみちゃんの行動の評価を職員間で行い，支援計画を決定していることがわかる。

コラム2

支援の対象と支援の限界

　相談援助は，さまざまな相談援助機関において行われる支援活動の一つです。しかし，来談者の抱えるニーズにはさまざまな課題内容があります。相談援助機関では，それらのさまざまな課題内容に対してすべての支援が行えるわけではありません。極端にいえば，高齢者福祉施設における支援内容と児童福祉施設における支援内容はまったく性質がちがいます。支援の対象年齢や支援目的もちがい，高齢者福祉分野の相談者が児童福祉分野の支援を行うことは困難です。逆に児童福祉分野の相談者が高齢者福祉分野の支援を行うことも困難なのです。つまり，さまざまな分野の相談援助機関において，支援の限界があることを理解しておく必要があります。しかし，支援の限界だからといって支援をしないのではなく，大切なのはケースに対する情報収集とアセスメントから，支援課題を明確にし，相談者が来談者と信頼関係を保ちつつ，適切な相談援助機関に来談者をつなげることが大切です。そのため，相談者は自身が身

をおく分野以外にもさまざまな専門機関と連携を図れるよう努力することが大切です。
出所：筆者作成。

（5）支援目標の設定およびプランニング（支援計画の策定）

　プランニングとは，支援計画の立案を意味しており，インターベンション（支援の実施）を行うにあたり，来談者に対する支援内容について計画する段階である。来談者に対して，支援目標（課題）を解決するためにどのように来談者を支援するか具体的な支援内容を計画する。プランニングでは来談者と相談者が協同で目標設定を行い，目標達成のための計画を立案することが望ましい。

　プランニングを行う際は，以下のことに注意することが大切である。

　①支援目標（課題）は何かを来談者，相談者双方で確認する。

　②支援計画は柔軟性をもたせる。

　支援計画を立案する際には，来談者の気持ちを大切にし，相談者は来談者とよく話しあい，相談者の思いだけで支援計画を作成することのないよう注意し，支援内容には一貫性をもたせるとともに整合性を保つことが大切である。しかし，来談者の状況や周囲の関係の変化により，支援計画の内容を変更しなければならない場合もある。そのため，支援計画は，臨機応変に修正，変更できるようにし，ときには遡及して変更できるようにすることも必要である。来談者の状況に応じて，支援計画は，ふたたびアセスメントを行い，来談者にあった計画を設定することも重要である。支援計画立案に大切なことは計画内容に「無理がないようにする」ということである。

　③支援計画の内容は具体的な内容と期間をふまえて計画する。

　支援計画の内容は，内容が具体的であればあるほど，来談者に対して援助実行しやすい。また，支援内容が具体化されていると，所属している機関内で共通理解を図りやすく，支援の充実にもつながる。そのため，支援計画においては，その内容について，だれが，どのように，いつまでに行うかなどを具体的に設定することが大切である。また，支援計画の内容では，支援をいつまでに行うかという期間も明確にしておく必要がある。支援について期間を定めず行

うことは来談者も課題に対する達成感を感じることがむずかしく，相談者も課題が改善もしくは軽減したのかどうかを判断することがむずかしくなる。そのため，支援計画は期間を定め，内容を具体的に立案することが望ましい。

④支援計画の内容は実現可能なものにする。

支援内容は，来談者と相談者にとって実現が可能な内容にすることが重要である。来談者のエンパワメントにも影響し，支援課題を来談者自らの力で乗り越えられるよう支援内容を計画することで，相談者の主体性や自己肯定感を高めることにもつながる。

⑤連携する機関を明確にする。

所属する機関のみでは支援が困難なケースもあり，その場合は，所属する機関以外の専門機関と連携を図り援助を行わなくてはならない。相談者は，来談者の支援課題に応じて適切な専門機関と連携を図れるように，ネットワークの形成に努めることが大切である。

⑥支援計画は来談者と協働で作成し同意を得るとともに契約を行う。

プランニングでは，相談者が所属する機関のみで行うのではなく，来談者をかならずふくめて支援計画の立案を行うことが重要である。そのため，相談者は来談者が積極的に支援計画立案に参加できるよう働きかけ，支援計画について来談者の同意をかならず得るようにする。支援計画の内容には，専門的な用語や知識，スキルもふくまれるため，相談者は来談者に対して**インフォームド・コンセント**を実施することで，支援計画の内容に同意を得ることが大切である。同意を得るということはお互いに責任をもつということになる。

事例1-5はアセスメントの結果をもとにプランニングを行う過程に関する経過の一部である。

事例1-5

プランニングの段階

支援課題を明確にした後，保育所として，実際にお母さんを支援するにはどのように行えばよいか支援内容について，担任保育士を中心に保育所内において**カンファレ**

ンスが開催されました。また，カンファレンス内容については，お母さんに報告するとともに支援内容についての意見も求めました。その後，保育所では，お母さんの将来の育児に対する不安を軽減する支援を行い，お母さんに対する支援と同時にまみちゃんの情緒的安定を図るかかわりを行うこととしました。支援については，保育所内におけるカンファレンスにおいて，全職員が共通の認識をもって，お母さんとまみちゃんにかかわることが確認されています。

出所：筆者作成。

　事例では，保育所で実施した情報収集とアセスメントからお母さんの主訴（もっとも中心となる訴え，取り組むべき最重要目標〔課題〕）を「出産による子育ての不安」としている。アセスメントで設定した支援課題に対して，担任保育士がお母さんに確認するとともに支援に対する同意を得ていることがわかる。プランニングにおいては，来談者と相談者が協働で目標設定を行い，支援内容を設定することが望ましいが，担任保育士はお母さんに対して保育所内で行ったカンファレンスの内容を伝えるとともに，支援内容について意見を求め，決定していることがわかる。保育所のように相談者が所属する機関によっては来談者とプランニングのための時間を設けることがむずかしい場合もある。しかし，来談者の意見が反映されないプランニングは，来談者の主体性を低下させ，かえって支援内容に悪影響を及ぼす恐れがある。プランニングでは，できる限り相談者と来談者が相互に連携して支援計画を設定することが重要である。事例では事前に保育所でカンファレンスを行い，支援計画の内容について，検討を行い，お母さんに対しては担任保育士を通じて，支援内容に対する意見を求め，より適切な支援内容を設定しようとしていることがわかる。

（6）インターベンション（支援の実施，介入）とモニタリング（経過観察）
　インターベンションとは，プランニング（支援計画の策定）にもとづいて，実際に来談者に支援活動を行う段階であり，「介入」ともいわれる。インターベンションの過程は来談者に相談者が寄り添い，来談者が自分自身の力で問題を自覚し，解決へ向けて行動できるよう支えてゆくことが大切であるが，気をつ

けないとお互いが傷ついてしまう場合がある。インターベンションの過程では以下のような点に配慮してゆくことが必要である。

　相談援助の初期の段階では，来談者は過度の不安や緊張を感じている場合が多い。そのため，相談者は来談者のおかれている状況を受け止め不安や緊張の除去につとめたり，受容的な雰囲気をつくり，バイステックの7原則にもとづき，非審判的態度や秘密保持の保証につとめていくことなどが大切である。

　インターベンションは来談者の抱えている問題の解決に向かって面接等の方法をもとに継続される過程で，面接を行う場所も保育所や児童福祉施設，児童相談所などの相談機関などに限定せず，家庭や電話による相談等，来談者や問題の状況に応じてさまざまな環境を使い分けるとともに，性急に結果を求めようとしないで，来談者が自分自身の判断で結論を出すことができるよう支援を進めてゆくことが大切である。

　インターベンションの過程では何よりも来談者が改善すべき課題（問題）について自覚し，自らの力で解決しようとする気持ちをもてるよう支援してゆくことが大切である。また，相談者は来談者が目標達成に向けて自分自身の行動や思考，感情，対人関係や生活態度，生活環境などを変えて行くことはむずかしいことであるということをよく認識し（相談者自身の自己覚知が必要），支援を進める過程で来談者自身やその家族など近くにいる人たちがさまざまな障害をつくり出してしまう可能性があるが，相談者は来談者の示すこうした行為は「自分自身や自身のおかれている生活環境などを自覚し，現実と向きあうためには必要なこと」であることを理解する必要がある（バイステックの7原則にもとづく「意図的な感情統制」に該当する行為である）。また，相談者の属する組織内から予期しない障害などが発生し，相談援助の活動が支援計画どおり進められない場合のあることを知っておく必要がある。

　インターベンションの過程を進めてゆくうえで大切なことは，支援が目標に向かって進歩しているかどうかを定期的に確認し進めてゆくことである（モニタリングという）。そのためには，信頼性には欠けるが，相談者は来談者の行動や態度，対人関係の様子，話の内容などの観察や，来談者の周囲の人からの評

価や来談者自身からの自己評価などを行いながら進めると効果的である。

こうした活動を進めてゆく過程で来談者は相談者や家族等とよろこびや不安，恐怖，情緒的な混乱などさまざまな感情を認知しながら，自分自身を見つめ直し，自分自身を知り（「自己覚知」の発達），新しい人間関係をつくってゆくことが可能となっていく。

目標達成へ向けて共同作業を進めてゆくとお互いの相手に対する感情が作業を進めてゆくうえで障害となる場合がある。「転移」や「逆転移」と呼ばれる感情反応で，来談者が相談者に過大な期待をもつこともあり，意図を間違って受け止めてしまい失望感や拒絶感・怒りなどを感じてしまい，目標達成の障害になることがある。こうしたことを防ぐためには先にもふれたように「相談者には相談者としての自己覚知」が求められ，自分の感情の管理方法を身につけておくことが必要である。

とはいえ，インターベンションの過程では相談者は来談者の抱える課題解決（目標達成）のために自分の感情や意見，経験などを適切に開示（自己開示）して，開いた心をもつ誠実で人間味に富んでいることを印象づけ，自分自身を活用してゆくことが必要となる。

インターベンションの活動を進めるための具体的なアプローチの方法としては心理社会的アプローチ，問題解決アプローチの他，治療モデル・生活モデル・環境モデル，ストレングス・モデル，エンパワメント・モデル等さまざまあるが，どのような方法を用いて相談援助を行うかは来談者の解決すべき目標の内容等によって選択されるべきである（アプローチ方法の詳細については第7章参照）。

インターベンションの過程を効果的に進めてゆくための必要条件としては来談者の問題認識と問題解決への意欲であり，どちらかまたは両方が欠けている場合があるが，相談者はどのような場合であっても来談者の問題認識と解決意欲は変わるものであるという認識をもつことが必要であり，どのようにすれば問題解決を高め，来談者の問題解決意欲を促進することができるのかに関する知識と技術を身につけておくことが必要である。そのためには，来談者が具体

的な支援に抱く否定的な感情への対応や，来談者自身が自分自身に解決すべき問題があることに気づいていなかったりする場合の対応，自分自身の問題と認識がなされたらどのようにして問題解決への動機を高めていったらよいか，等について検討しておく必要がある。事例1-6をもとにインターベンションおよびモニタリングの実際について概説する。

事例1-6

インターベンションとモニタリングの段階

　その後，担任保育士とお母さんが面談する機会を設け，お母さんの気持ちを受け止めつつ，2人の子どもの育児について事例も提供しつつ，将来の見とおしがもてるよう情報提供を行いました。また，お母さんと似たような経験をしたことのある熟練した保育士や保護者を紹介することで，実際の子育ての考え方の参考にしてもらいました。さらに，お腹の子どもにかかわらず，母と子のスキンシップを増やしてみてはどうかと提案しました。まみちゃんに対しては，気になる行動や暴言などがみられた際は，すぐに注意するのではなく，まみちゃん自身が自分の行動に納得がみられた時点で保育士と二人きりになり思いを受け止めるよう心がけました。そして，送迎時はお母さんに対してまみちゃんが保育所でがんばったことや一日をどう過ごしたかを今まで以上に細かく伝えるようにしました。また，保育所内で保育士同士が連携を図り，お母さんとまみちゃんの送迎時の様子を観察し，担任保育士はお母さんが子育てに前向きな発言をした場合は強く共感するように心がけました。

出所：筆者作成。

　この事例ではプランニングの段階で，保育所内でお母さんの潜在的なニーズについての検討が行われており，そのなかでお母さんの妊娠による子育て不安に対する支援を支援課題としていることがわかる。さらにお母さんの育児不安の軽減を図る方法として，まみちゃんの情緒の安定を図ることが検討されている。事例からもわかるようにプランニングにもとづいて，担任保育士がお母さんの気持ちを受け止めつつ支援を行っていることがわかる。この事例でお母さんに対して行われた支援には次のような支援内容が検討可能である（記述された支援内容はあくまでも一例である）。

①お母さん自身に対する支援
- 母親の育児に対する不安な気持ちを些細なことでもよいので話してもらう。その結果，お母さんに育児に対する孤独感や不安感を保育士が共有していることに気づいてもらう。
- 送迎時はお母さんに対してまみちゃんが保育所でがんばったことや一日をどう過ごしたかを今まで以上に細かく伝えるようする。
- すでに子育て経験のある保育士を紹介し，子育ての方法についての見とおしを紹介する。
- 連絡帳を活用し，まみちゃんの保育所の様子や保育士の直接いえないことなどのやりとりを行う。
- お腹の子どもだけでなく，まみちゃんに対するスキンシップを増やすことで親子関係の修復を図る。

②お母さんの環境に対する支援
- まみちゃんに対して，気になる行動や暴言などがみられた際は，すぐに注意するのではなく，まみちゃんが自分の行動に納得がみられた時点で保育士と二人きりになり思いを受け止めるよう心がける。
- 同じような環境を経験しているもしくは経験した保護者からの意見を参考に情報を提供したり，実際に保護者同士の関係を構築したりする。
- 保育所の入所については，役所の保育課から情報の提供を受け，お母さんにもフィードバックする。
- 父親がまみちゃんの送迎などで保育所に訪れる際は，お母さんの様子などを確認し，保育所での様子を伝え，今まで以上に子育てに積極的に取り組めるよう支える。

インターベンションを進めるうえで注意するべきことは，モニタリングをしっかりと行うことである。支援を実施しても来談者自身や環境に変化が確認できない場合は，再度，アセスメントを行い支援内容についてプランニングを行う必要がある。そのため，インターベンションとモニタリングは同時に行っていく必要がある。事例1-6を確認してみたい。この事例では担任保育士によ

る援助が行われるなか,保育所内の保育士同士による親子関係の確認や担任保育士がお母さんの発言を確認することで支援内容が適切かどうかモニタリングを行っていることがわかる。さらにモニタリングは相談者のみで行うのではなく,多角的な視点をもって行うことが望ましい。相談者のみでモニタリングを行うことは,相談者の主観によってモニタリングの結果に悪影響が及ぶおそれもある。また,相談者のみでモニタリングを行うことは,支援内容が来談者に対して正しく実施されているかどうか相談者だけでは判断できない場合もあり,相談者自身が支援内容を実施することに自信を失ってしまうこともある。本事例では,保育所内の保育士同士が連携し,お母さんとまみちゃんの親子関係の観察を行っていることがわかる。

コラム3

保育カンファレンスのひろがり

　保育カンファレンスとは,臨床医学や臨床相談のカンファレンスの考え方や手法を保育に導入したものです。わが国では,教育実践にカンファレンスが導入され,その考え方が現在では保育にも応用され,保育カンファレンスと呼ばれています。
　保育カンファレンスは,参加者がお互いの特性を生かして,自分なりの見方や考え方などを対等な立場で出しあい,出された意見や考え方を参加者が自分の実践に照らしあわせ考える場です。意見に正解や一致を求めるのではなく,話しあいの過程のなかで,自分の保育に対する考え方や味方を再確認することが目的です。
　現在,保育カンファレンスの考え方は保育現場で拡大しつつあります。保育現場では子育てに未熟な保護者の増加や保育活動において気になる行動を示す子どもの保育方法,保育士の専門性の向上等のさまざまな課題が挙げられます。そのようななか保育現場では保育カンファレンスを開催することで,保育士同士が保育に対する新しい考え方の発見や保育方法の提案などを行うことができ,個人はもちろん保育士が所属する組織の保育力向上につながるのです。また,保育カンファレンスでは,参加者が対等な立場で意見を出しあい,考えを示すこともできます。
　これは,カンファレンスの参加者が主体的に問題に取り組めるよい機会となると前述したように,今後,保育現場においては支援が必要なケースが多くなり,その内容も複雑化してきます。これらのケースを一人の保育士だけで対応することは困難であるとともに保育士自身の負担も大きくなります。そのため,保育カンファレンスは保育士が所属する組織で共通の認識を図れるよい機会となります。さらに,保育カンフ

ァレンスの参加者には外部の専門家を参加させてもよいため，保育のみでは対応が困難な事例についても専門家を交えることにより，より充実した支援の発見や保育士の負担軽減にもつながるのです。

出所：筆者作成。

（7）エバリュエーション・ターミネーション（エンディング）

エバリュエーションとは事後評価のことであり，相談者が行わなければならない最終作業である。インターベンション（支援の実施）により，来談者の課題が解決できたかどうかを相談者と来談者が評価を行う段階である。プランニングにもとづいて，インターベンションを行い，モニタリングによって来談者の変化などを確認し，課題解決や目標達成の見とおしがたった頃に，来談者と相談者が支援計画の妥当性や効果についてともに評価を行う。エバリュエーションを行うことにより，相談者は来談者に対して支援が適切に行われたかどうか検討を行い，相談者自身の資質向上を図る。さらに，エバリュエーションは相談者と来談者がともに行うことで，相談者自身が課題や目標に対してどのように取り組んできたかを振り返ることができ，相談者自身の問題解決能力の向上を確認することができ，相談者の肯定感を高めることにもつながる。

エバリュエーションによって，来談者に対して行った支援の効果が低いと評価できた場合は，再度アセスメントを行い，支援課題を再検討し，支援のプランニングを行う必要がある。

ターミネーション（エンディング）とは，相談援助の終結の段階である。支援活動によって来談者の課題解決や目標達成が図られたと判断された場合，もしくは，支援活動のなかで課題が残るものの来談者の力で解決が可能であることが，相談者と来談者の間で確認できた場合に相談者と来談者の援助関係が終結する。ターミネーションでは，来談者が相談者とのつながり（援助関係）を失うことに対して，不安感を示すことがあるが，相談者は来談者の別離不安を軽減するためにこれまでの支援過程の成果を振り返り，支援が終結してもいつでも支援体制を用意する準備ができていることを伝え，来談者が安心して生活

ができるように配慮することが必要である。

事例1-7はこれまでに紹介してきた事例についてのエバリュエーションとターミネーションについての説明である。

事例1-7

エバリュエーション・ターミネーション

　数日後，まみちゃんの気になる行動や暴言，おねしょの回数の低下が確認できた担任保育士がお母さんに現在の状況を確認すると，「以前にくらべて，子育てに対して前向きになれるようになりました。まみともスキンシップを増やしたら，とてもうれしそうにしてくれました。以前は妊娠のことばかりを考えていたので，スキンシップが減っていたと思います。先生，ありがとうございます」と明るく話してくれました。担任保育士はお母さんと子育てに悩んだ日から現在までの振り返りを行い，お母さんが子育てに対して前向きになったこと，まみちゃんの行動に改善がみられたことを確認しました。
　担任保育士は，お母さんにこれからも育児に不安があればいつでも相談してほしいことを伝えました。

出所：筆者作成。

　本事例では，お母さんの子育てに対する不安を軽減することで，保育所におけるまみちゃんの気になる行動や暴言，おねしょの回数が改善されてきていることが確認できている。さらにお母さんからは子育てに対する前向きな発言がなされており，支援活動に一定の効果があったことが確認できていることや，担任保育士は，担任保育士や保育所の立場からだけで支援活動の振り返りを行うのではなく，お母さんと一緒に振り返りを行っている。これは，お母さんにとって今までの過程と成果を確認できる良い機会になり，お母さんの子育てに対する自己肯定感を高めることにもつながっている。

　担任保育士とお母さんとでエバリュエーションを行い支援の終結（ターミネーション）をむかえることとなったが，担任保育士からは，お母さんに対して，いつでも育児に対する不安があれば相談してほしいことを伝えているが，お母さんは今回の事例のような子育てに対することだけではなく，さまざまな生活課題と出あい新たな子育て不安を抱える場合がある。担任保育士のこのような

第5章　相談援助の具体的な展開過程

フォローアップは，お母さんにとって今後も「保育所は子育てに対する不安や悩みを気軽に相談できる場」であることが確認でき，安心感をもって子育てができることにつながる大切な対応なのである。

― エピソード ―

「親子の別離」をとおして思う相談援助の目的

　社会的養護を必要とする子どもや家族，子どもたちを支えている福祉施設の職員と接していると複雑な気持ちになることがあります。
　お互いに一生懸命に生活をしているにもかかわらず，「親子が離ればなれの生活をせざるを得ない」などというケースに接すると心中おだやかというわけにはいきません。そんな思いのあるケースを紹介したいと思います。
　正子さん（仮名：30歳）は5年前に離婚し，6歳になる明君（仮名）と2人でA市の郊外にある賃貸マンションで暮らしています。
　正子さんは総合病院で医療事務の仕事をしており生活は安定していましたが，病院の管理システムを変更することになり，その対応でストレスをかかえる日々が続きました。ある日，明君の通っている小学校の担任の吉田先生（仮名）から職場に「明君がクラスの子どもにけがをさせた」と連絡がありました。
　正子さんは仕事を終えて家に帰り，明君に今後同じようなことをしないよう話しましたが，3日後にも小学校から明君が今度はちがう子どもと同じトラブルを起こしたと連絡がありました。正子さんは家に帰ると明君の手足を縛り，殴る等の暴力を振るいました。明君が「お母さんごめんなさい」とあやまる姿をみて，明君を抱きしめ「ごめんね」と詫びたといいます。その後，正子さんは日常的に明君を叩いたりする行為がみられるようになりました。
　小学校の吉田先生は明君の腕にアザがあるのに気づき正子さんを学校に呼んで話しあったところ，正子さんは「初めは明にわからせようとして叩いたが，叩いてもわかってくれないので，顔をみると叩きたくなってしまう」と家庭内で虐待行為が行われていることを話したため児童相談所へ通告することとなりました。
　児童相談所のケース相談者が家庭に出向き面接したところ正子さんは，「叩けば明がいうことをきくようになると思ったがそうならなかったので毎日のように叩くようになった」と話したといいます。正子さんの怒鳴り声や，子どもの「ギャーツ」という泣き声がマンション内でたびたび聞かれることがあり，住人には「しつけにきびしい人」と思われていました。
　正子さんは市の児童家庭相談室の相談員に「明は落ち着きがなく，親のいうことを聞いてくれない。気に入らないことがあると暴れだし，大騒ぎになってしまう。乱暴

97

で落ち着きがなく言葉も遅れている」と明君の様子を説明しました。明君の心身の状態に不安を訴えていました。明君には顔や体中に無数のアザがあることや両手首に縛られたあとがあること，6歳児にしては体が小さく，小さな音などにも過敏に反応し，落ち着きのないことなどから家庭におくことは好ましくないと判断され，児童相談所の一時保護所に緊急保護され，児童相談所で行われた家族面談等の結果，正子さんが明君と生活を継続してゆくことは現状では困難であるとの結論に達し，明君は児童養護施設で生活を開始することとなりました。

　紹介したケースは相談内容としては養育不安や児童虐待等として分類されるケースですが，正子さんは離婚して一人親であり，働きながら子育てを行うことはけっして容易なことではなく，自分自身では気づけていないようなこともふくめ，さまざまなストレスを抱えており，明君も小学校に入学し新しい環境での友人関係などとまどいを感じ，自分自身をうまくコントロールできていませんでした。こうした状態になってお互いの思いにすれちがいが生ずると虐待行為等が発生し，親子が離れて生活せざるを得なくなることがあります。

　このようなことをどう受け止めたらよいのか考えなくてはいけません。

　児童虐待という言葉を聞くと鬼のような親を想像しやすいですが，かならずしもそうとはいえません。多くの場合，子育て不安やDV，離婚などによる夫婦関係の破綻，貧困や職場でのストレスなどの背景があって，自分でも気がつかないうちにわが子に虐待行為を科してしまう場合があります。こうした場合，母親は無意識のうちに周囲にSOSの信号を発していることが多いのですが，そのことに気づいてあげられる環境はけっして十分にあるとはいえません。「保育者が相談援助という活動を行う目的はこうした点にあるのかもしれない」と考えると，相談援助の支援活動は日常的な活動であるともいえます。

　小学校の先生や保育士，幼稚園の教諭等が異変に気づき児童相談所などの公的機関と連携するケースが増えていますが，大きな事件になってしまう前に何かしらの対応ができないものでしょうか。

　理由はともかく，虐待により子どもの尊い生命が絶たれてしまうという例が後をたたず，児童虐待防止へ向けた対策のむずかしさを感じます。

出所：筆者作成。

【用語解説】

自己覚知（self-awareness）……「自己覚知」とは社会福祉等の分野で自己理解を意味して利用される言葉であり，福祉サービスの利用者側からみると「自らの問題に気づくこと」，福祉サービスを提供する側からみると「利用者に

共感して受容する」ことを意味する言葉として使用されていることが多く，相談者には，意識的に自分自身の心理や行動の特異性についても熟知しておくことが求められている。

赤ちゃん返り……主に幼児期にみられ，その行動の多くはそれまでできていたことができないと主張したり，拒否したりする行動がみられる。その原因は不明だが，子どもを取り巻く環境の変化が大きく，赤ちゃん返りが頻繁に起こる幼児もいれば，まったくみられない幼児もいる。妹や弟が生まれることで赤ちゃん返りの行動がみられる幼児は多い。

インフォームド・コンセント（Informed Consent）……主に医療現場等で使用されている用語で，医師などの医療関係者は治療を行う前に病気の内容や，治療方法，治療期間，治癒の確率，手術を行う場合には手術にともなう危険性などを患者に理解できるように説明を行うこと。患者が同意しないで他の診療方法を選択した場合には，医師は患者の意向にそった治療を進めていくもので，事前に十分な説明を行い，同意を得ることで患者と医師の間に信頼関係ができ，治療効果を高めることが期待できる等の効果がある。同様の意味からカウンセリングやソーシャルワークなどの活動場面においても用いられるようになってきた。

カンファレンス（Conference）……一つの事例について，さまざまな意見を出しあい，来談者に対して適切な支援課題の発見や支援計画を検討することをいう。

転移と逆転移……心理療法などの場面で使用される言葉で，転移とは来談者が，過去に重要な他者（両親など）との間で生じさせた欲求，感情，葛藤，対人関係パターンなどを，別の者（多くの場合は治療者）に対して向ける非現実的・非合理的な態度であり，逆転移とは，転移とは逆に，相談者から来談者に向けられる，非合理的な感情のことをいう。どちらも無意識レベルでの心の動きである。転移は治療に役立つ場合もあるが，逆転移は来談者と相談者との適切な距離間を乱し支援の枠組みを壊してしまう危険性がある。

自己開示（self-disclosure）……自分の情報（感情や人生観など）を他の者に言葉で

伝えるときに使用される言葉で，カウンセリングや相談援助等の活動で使用されることが多い。面接などの活動を行う際に自分自身の感情等を相手に適切に伝えられることができると，相手もそれに応えて自分自身の考えや感情を表現することができるようになり人現関係を深めてゆくことが可能となる。自己開示ができると，面接などの場面で話すうちに自分の態度や意見が明確にまとまったり，自分の能力や意見の妥当性等を評価できたりするなどの利点があるといわれている。

【振り返り問題】
1 相談援助過程の各段階の役割と取り組むべき課題を一覧表にまとめてみよう。
2 本章で紹介した事例をもとに支援計画を作成してみよう。
3 実際に相談援助を行う際に配慮すべき点を挙げ，その理由を述べてください。

〈参考文献〉
森上史郎「よりよい実践研究のために」『別冊発達第7号　乳幼児保育実践研究の手引き』ミネルヴァ書房，244〜250頁，1988年。
森上史郎「カンファレンスによって保育をひらく」『発達』第68号，3頁，ミネルヴァ書房，1996年。
鬼崎信好編『コメディカルのための社会福祉概論』講談社，2012年。
久保美紀・湯浅典人・林浩康『相談援助』ミネルヴァ書房，2013年。
和田光一監修／田中利則・横倉聡編『保育の今を問う保育相談支援』ミネルヴァ書房，2014年。
和田光一監修／横倉聡・田中利則編『保育の今を問う相談援助』ミネルヴァ書房，2014年。

(小野澤　昇・大屋陽祐)

第6章
相談援助における記録

本章のポイント

　記録は，複数の保育士やその他の支援者，機関等が連携して支援にあたる際，相談内容に関する正確な情報を共有するうえで大切な役割を果たします。また，記録を通じて保育士が来談者（クライエント・被相談者・保護者等を意味します。以下略）の新たな一面やニーズを発見したり，自身の保育や支援内容を見直すきっかけを得たりすることも少なくありません。さらには，トラブルが生じた際，記録が子どもや保護者等の権利を擁護したり，日々の保育や支援の適切さを示す法的な証拠となるケースもあります。
　このように，相談援助における記録の重要さははかりしれません。ここでは，相談援助の記録の基礎について学びます。

第1節　記録の意義と目的

　普段の保育業務のなかで，保育士が保護者との相談援助を行うことはあまり多くない。そのため，相談援助の記録が大切な役割をもつと意識している保育士もまた多くはないかもしれない。

　しかし，相談援助における記録は，単なる保育士自身のための備忘録ではない。特に，援助のむずかしいケースや，複雑な事情や背景をもつケースでは，適切な支援のために記録が決定的な役割を果たすことがある。

　ここでは，相談援助の専門家であるソーシャルケースワーカーの記録を参考に，保育の現場で必要とされる視点から，その意義と目的を述べる。

（1）支援の質の向上

　支援記録を作成することで，子どもや保護者のニーズ等をより的確に把握することが可能になり，支援の質が向上する。

　保護者等の来談者への面接のときに何気なく聞いて書きとめておいたことが，支援が進んだ後に読み返したときに，子どもや保護者の意外な一面を知ることにつながったり，問題の背景を知るための重要な言葉として意味をもってくることが少なくない。また，過程記録を読み返すことで子どもや保護者の変化にあらためて気づくなど，記録を通じて支援の対象者への理解が深まり，潜在的なニーズの把握につながることがある。

　また自らの経験を「文字にする」という行為には，書く対象となるものごとを分析し整理するという「思考」が自ずとともなう。記録を作成することで，自己や他者を客観的にとらえる視点が養われ，支援の質の向上につながる。

（2）支援の専門性の向上

　記録は，援助の専門性を向上させるうえでも重要な役割を果たす。以下，3つの場面にしたがってみていく。

　1）情報共有の場

　相談援助で**チームアプローチ**（第8章参照）を行う場合，たとえば，通園している幼児の障害に関する情報や，児童虐待が疑われるケースなど，関係者間での情報共有のために記録は欠くことができない。業務引継ぎ時の申し送りやスタッフ・ミーティング，**ケースカンファレンス**（第8章参照）等，チームアプローチの現場では，支援記録や業務記録が日常的に活用されている。的確に記された記録によって，関係者間で十分な情報共有が行われ，チーム全体が共通の理解をもって支援にあたることで初めて，各専門職がそれぞれの専門性を発揮することが可能となる。なお，ケースカンファレンスには，後述のケース記録を要約した資料をケース概要として提出することが多い。

　2）教育・訓練の場

　記録は，保育士の教育や訓練の場でも活用される。

実習の記録やスーパービジョン（第8章参照）のための資料などがこれにあたる。経験の浅い，もしくはまだ資格をもたない保育士が，資格を有する経験豊富な保育士の指導を受けるためのもので，これらは「実践記録」とも呼ばれる。有資格者の指導をうけながら問題を把握し，介入したという学びのプロセスを残すことが重要であり，指導を受ける者の感想や考察をふくむ。

3）調査研究の場

調査や研究の場でも，記録は重要な役割を果たす。

保育や支援の現場におけるインタビュー，アンケート調査，園や関係機関の見学・調査，フィールド・ワークなどを行う場合にもその成果をまとめ，公開できるよう記録を残しておく必要がある。調査研究の日時，場所，実施者，対象者，調査研究の経緯や手続き，得られた成果などは必要最低限の記録事項といえるだろう。

また，調査研究においては，文字による記録だけでなく，音声記録や画像記録など，電子メディア機器を活用した記録を行うことも多い。電子機器を用いた記録の扱いについては，後述する留意事項（第3節（2），第4節（3）参照）に十分配慮する必要がある。

（3）証拠書類として

保育士の相談援助の記録は，子どもや保護者の権利擁護や利益の確保について確認するうえで重要な法的証拠となることがある。また，保護者からの苦情や子どもや保護者同士のトラブル，情報開示請求への対応や外部監査の際，園の業務や組織運営の適切さを示す証拠資料となる。さらに，地域社会や一般市民への説明責任を果たし，園の活動に対する地域の理解を求める際の資料ともなる。実習記録やスーパービジョンの際の資料は，資格の認定や更新にあたり，研修経験を示す証拠書類となることもある。

社会のあらゆる領域において説明責任が問われる今日，保護者をはじめ子どもをとりまく人びととの記録の共有などの社会的要請に応えられるようにしていくことも，今後の課題である。

第2節　記録の種類

　ケース・マネジメントやケア・マネジメントの普及にともなって，近年では支援過程のさまざまな場面で，文書による記録と，記録にもとづく来談者本人や家族への説明との同意が求められるようになっている。そのため，支援のさまざまな過程に応じた記録様式が提案され，使用されている。
　ここではその代表的なものを挙げ，フェイス・シートの例（表6-1）を示しておく。その他の記録票についても，保育や療育の現場で実績のある各種の様式がWeb上で公開されているので，それらのサンプルを参照のうえ，園や施設にあわせた様式を作成しておくとよい。

（1）ケース記録

　個別相談援助（ケースワーク）における個々の事例に関する一連の記録を「ケース記録」と呼ぶ。子どもや来談者（保護者等）の基本情報が書かれたフェイス・シートと，時間経過にともなう過程記録からなり，相談援助の具体的展開（第5章参照）のそれぞれの過程において作成される。

1）フェイス・シート（基本事項票）

　子どもや来談者（保護者等）の基本的属性や状況を記録するもので，インテークの際に作成することが多い。
　①基本的属性：子どもの氏名・性別・生年月日，保護者の住所・連絡先，家族構成など，②履歴：子どもの生育歴や現在の状況，健康状態など，③支援に関する事項：保育所や施設への要望，必要とする支援やその理由，保育所や施設における相談援助歴の概要などを記す。

2）アセスメント・シート（事前評価票）

　支援を必要とする子どもや家庭の現状やニーズ，解決すべき課題等を把握する目的で作成するもの。支援計画を立てたり，見とおしを得たりするうえで，アセスメント（事前評価）は欠くことができない。来談者やその家庭を取り巻

第❻章 相談援助における記録

表6-1 フェイス・シートの例

フェイス・シート

作成開始日：20XX年5月13日

ふりがな	いけだ あつし	性別	男	生年月日	20xx（平成XX）年 YY月ZZ日
幼児氏名	池田 淳				
ふりがな	いけだ みつる	続柄	実父	家族構成	
保護者氏名	池田 満			父・母・本人・妹	
現住所	〒XXX-XXXX ○○県○○市○○X番地-Y○○○ハイツZZZ号室					
電話番号	0XX-XXX-XXXX			保護者勤務先	
緊急時連絡先	090-XXXX-YYYY（母親携帯電話）			株式会社○○○○	
生育歴	・△△県××市生まれ。 ・生後6か月から託児所で過ごし，3歳児から××市の保育所に1年間通う。 ・20XX年，父親の転勤で○○市に引っ越す。 ・言葉の発達が少し遅く，言葉よりも手が先に出てしまうことがある。				
現在の状況	・多動の傾向があるが，自分の興味のあることには集中して取り組む。 ・気持ちの切り替えがすぐにできず，次の活動に移れないことが多い。 ・自分の思いどおりにならないとおもちゃを投げたり，友だちや保育士に対し殴る，蹴るなどの行為に及ぶことがある。				
希望，要望等	発達障害の疑いがあり，専門機関への相談を考えている。				
その他 特記事項等	左利き。お箸を使うのをいやがる。 人物の絵を描くときに，頭からではなく体から描き始める。				

相 談 歴		
日　時	記入者	概　　要
20XX年 5月13日	星野	母親から面談希望あり。淳君と妹とのけんかが絶えない。淳君の障害を疑っており，専門機関に相談すべきかどうか考えている。
20XX年 6月21日	星野	養護学校の相談員が来所。良い行動はほめ，改善すべき行動については感情的に叱ることをせず，タイムアウトを用いてクールダウンをはかるよう指導を受ける。
20XX年 6月25日	星野	両親と面談。養護学校の巡回相談の内容を伝え，園と家庭での淳君の保育方針について相談・確認を行う。2回目の巡回相談を9月に予定していることを伝える。

注：氏名はすべて仮名。
出所：筆者作成。

く現在の生活状況や問題点等を聞きとり，記録する。

　3）プランニング・シート（支援計画票）
　支援計画を記したもので，プランシートともいう。①子どもや家庭のニーズ，②ニーズに対する支援の方針，③短期・中期・長期目標と課題，④支援の具体的な内容と方法，⑤頻度と期間などの計画を記す。

　4）プロセス・シート（支援過程票）
　支援計画にそった支援活動の経過を記録する。来談者（保護者等）と相談者（保育士等）との相互的なかかわりや，支援により得られた効果等を記録する。

　5）モニタリング・シート（経過観察票）
　支援の過程で，支援の適切さや効果の測定の中間評価として作成するものである。プロセス・シートが叙述体の文章で書かれることが多いのにくらべて，モニタリング・シートは，アセスメントやプランニングにより抽出された支援項目ごとに，チェックリスト等にしたがって記録されることが多い。

　6）エバリュエーション・シート（事後評価票）
　支援の終結後に，支援全体を振り返って行う事後評価の記録である。アセスメントやプランニングは適切に行われたか，支援過程における問題解決の効果，プランニングにおける支援目標の達成度の評価など，支援全体を振り返って記録する。

　7）クロージング・シート（支援終結票）
　支援の終結時に，支援の結果を要約して記述するもの。支援終結の理由と経過，終結後の子どもやその家庭に関する状況把握等，フォローアップについても記録する。エバリュエーション・シートとクロージング・シートとが一つの様式にまとめられている場合もある。

（2）報告書
　1）事例検討・会議資料（カンファレンス記録・議事録）
　事例検討会（ケースカンファレンス）やその他の会議を行う際には，参加者が個別にメモをとる以外に，記録者（書記）を設定し，カンファレンス記録や議

事録を作ることが望ましい。開催日時，場所，参加者，会議の次第と内容，主な発言や発言者等を簡潔に記録し，保育所や施設の責任において管理する。

2）苦情に関する記録

来談者から苦情を受けた場合は，その内容と，解決までの経過と結果を記録し，報告することが求められる。このことを定めた**苦情解決制度**にもとづき，現在は，保育所その他の児童福祉施設の多くが苦情解決に関する要綱を定めているため，苦情を受けた場合は各施設の要綱にしたがって対応する。

苦情解決に関する記録は，「苦情等の受付書」「苦情などの受付報告書」「苦情等の相談解決結果報告書」等からなる。

3）リスク管理のための記録（事故報告書・ヒヤリ・ハット報告書）

保育中に事故が起きた場合，事故にかかわった保育士は「事故報告書」を作成し，施設の長に提出しなければならない。以前は「始末書」などといわれ，事故を起こした保育士本人の反省を促すことが主な目的であったが，近年ではリスクマネジメントの考え方が広まり，事故の経験を記録に残すことで事故発生の原因や経緯を把握し，再発防止に活かすことが主な目的となっている。

また，リスクマネジメントの普及にともなってヒヤリ・ハット事例の記録と報告，公開が行われるようになっており，ヒヤリ・ハット報告書と事故報告書とが兼用で用いられるケースも少なくない。

事故やヒヤリ・ハット事例に遭遇した者の氏名，発生年月日，発生場所，現場図，発生状況，事故の種類，負傷の状況，機関での対応，事故発生時の保護者・責任者への連絡状況，受診医療機関とその連絡先，診断・治療内容と経過，再発防止のための改善点などを記入する。

（3）その他の記録

1）通信・連絡文書

保護者等の来談者およびその家族，関係機関や関係者等にあてた手紙や文書である。

保育士の場合，保育所や施設で発行するクラス通信やお便り，その他の連絡

文書等も支援記録の一種ととらえることができる。また，各家庭にむけて個別に書く連絡帳や連絡帳以外の手紙，電子メール，電話のメモなどもケース記録の一部として支援に必要な際に参照できるように適切に管理することが望ましい。手書きの手紙などは控え（コピー）を残しておき，あとで参照できるようにしておくとよいだろう。

　2）社会資源リスト

　日頃かかわりのある，もしくは何かの際にかかわりのあった地域の関係機関——社会資源をリスト化し，データベースとして管理しておくと，地域の専門機関との連携が必要な際に活用することができ，迅速な対応の助けとなる。

　所在地，連絡先，当方および先方の担当者名，当該機関とのかかわりとその履歴，その際の成果と問題点などを記したリストを，データベースソフトや表計算ソフトなどを用いて電子化しておくと，必要な条件に適した社会資源の検索や抽出，一覧などが容易になり，支援に有効な社会資源の把握に便利である。

第3節　記録の方法

　記録の方法には，大きく分けて筆記による方法と，音声記録や画像記録のように電子メディアを用いて記録する方法がある。ここでは主に，筆記による記録の方法を述べる。電子メディアを用いた記録については近年の大きな変化をまとめておくが，その扱いには十分な注意が必要である。この点については，「第4節（3）電子化にともなう注意点」を参照してほしい。

（1）筆記による方法
　記録を書くときには，その目的にあわせた方式を用いる必要がある。
　代表的な記録方式として，1）記述式，2）項目式，3）図表式の3つがあり，それぞれの特徴に応じた使い分けや組みあわせが必要である。

表6-2 記述式の文体の種類と文例

文体の種類		文　例
叙述体	逐語体	保育士「最近、おいそがしいですか？」 母親「そうですね。夫の仕事が変わって収入も減ってしまったので、その分私が働かないと。仕事以外に、家事や育児もほとんど私がしているので、もういっぱいいっぱいです」 保育士「大変ですね。ご主人のお帰りは遅いんですか？」
	過程叙述体	母親は、家庭での淳君（仮名）の様子について、次のように話した。淳君と1歳年下の妹とのけんかが絶えず、叱ると妹にとびかかったり、自分の頭を叩いてパニックのような状態になること。このまま2人の子どもをちゃんと育てていけるのか不安に思っていること。そして、しばらくためらった後、思い切ったように「淳は言葉も遅かったし、もしかしたら発達障害かもしれないと思っているんです。父親はそんなことはないというんですが、一度専門機関に相談したほうがよいかどうか迷っていて……」と切り出した。
	圧縮叙述体	母親は、家庭での淳君の様子を伝え、しばらくためらった後、淳君が発達障害ではないかと思っていること、専門機関に相談したほうがよいかどうか迷っているということを話した。
要約体		【淳君（4歳：仮名）の生育歴】 ・△△県××市生まれ。 ・同居家族は両親と1歳年下の妹。 ・生後6か月から託児所で過ごし、3歳児から××市の保育所に1年間通所。言葉の発達が少し遅かったとのこと。20XX年、父親の転勤で○○市に引っ越し、20xx年4月から本保育所に通園。 ・自分の思いどおりにならないとおもちゃを投げたり、友だちや保育士に対し殴る、蹴るなどの行為に及ぶことがある。
説明体		淳君（仮名）4歳は△△県××市生まれ。現在は、両親と1歳年下の妹との4人で暮らしている。生後6か月から託児所で過ごし、3歳児から××市内の保育所に1年間通う。母親によると、言葉の発達が少し遅かったとのこと。20XX年、父親の転勤で○○市に引っ越し、20XX年4月から本保育所への通園を始める。 　園では、自分の思いどおりにならないとおもちゃを投げたり、友だちや保育士に対して殴る、蹴るなどの行為に及ぶことがある。こうした行動は、自分の気持ちを言葉で表現できず、行動が先行してしまうことによると解釈される。

注：氏名は仮名。
出所：筆者作成。

1）記述式

　文章で記録する方式である。この方式のなかに、さらに、①叙述体、②要約体、③説明体の3つの文体がある（表6-2）。

　①叙述体：時間的順序にそって、事実をありのままに記述する文体を指す。

会話をありのままに再現する「逐語体」，来談者と相談者相互のやりとりを詳細に記述する「過程叙述体」，来談者と相談者相互のやりとりを要約して記述する「圧縮叙述体」がある。いずれも，プロセス・シートの記録に用いられることが多い。時間の流れにそっているため，経時的な変化や出来事の前後関係等が把握しやすいという特徴があり，原因の分析や対応の妥当性を検証することに適している。

②要約体：相談者（記録者）の考察を通じて要点を整理し，まとめて示す文体である。項目ごとに整理する方法のため全体像や要点を整理するのに適しており，相談者（記録者）の考察を経ることから，相談者の着眼点が明確になるという特徴がある。生活歴の記録，アセスメントの要約，各種報告書等によく用いられる。

③説明体：事実とそれに対する相談者（記録者）の解釈や見解，考察を加えて書く文体である。読み手が理解しやすいよう説明的に書くという点が特徴であるが，「事実」と「事実に対する解釈」とが判別できるように書く必要がある。

慣れないうちはどの文体を使って何から書けばよいのかわからなかったり，書くべきことと省略してかまわないことの区別がつかなかったりするかもしれない。そうしたときは，時間軸にそって状況を詳細に記述する叙述体を用いるとよいだろう。

2）項目式

記録用紙などに，想定される事実や解釈が項目として示されており，記録者が選択肢をチェックしていくチェックリストの形式や，短文を用いて記入していく方式をとるものである。ケース記録におけるフェイス・シートや，アセスメント・シート，モニタリング・シートなどで用いられることが多い。

3）図表式

記号や図表を使って記録する方式で，マッピング技法とも呼ばれる。支援に関する事実や解釈を視覚的に把握し理解するために用いられる。家族関係が複雑であったり，地域のさまざまな機関が連携して支援にあたっている場合，全

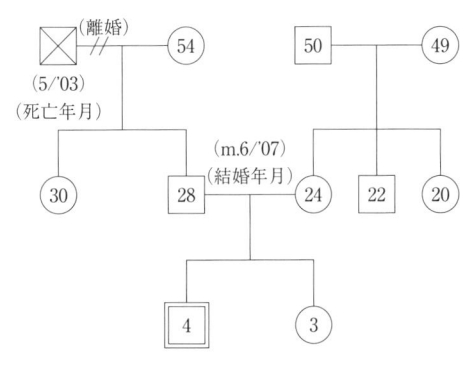

図6-1 ジェノグラムの例
出所：筆者作成。

体の関係性を把握するために有効である。代表的なものに，①ファミリーマップ，②ジェノグラム，③エコマップがある。

①ファミリーマップ：家族構成員相互の力関係，関係性，情緒的結合等を示したもの。家族図ともいう。

②ジェノグラム：原則として三世代をさかのぼる家族関係（血縁のない同居者や関係が深い者もふくむ）を図式化したもの。家族関係を視覚的に表わすアセスメント方法として用いられる。世代関係図，家族関係図ともいう。

男性を□，女性を○で示し，なかに年齢を記入する。婚姻関係や血縁関係は実線で結ぶ。対象者は□または○を二重線で示し，死亡の場合は□または○のなかに×を記入する（図6-1）。

③エコマップ：来談者とその家族を取り巻く社会資源などの関係性を示したもの。多様な問題を抱える来談者と環境との関係を視覚化することで，各機関の役割を検討したり，支援のアプローチのための手段や手続き，方法などを導きだすために有効である。支援過程におけるアセスメント，プランニング，モニタリングなどの局面で随時作成し，過去のものと比較することで，来談者やその家族と関係機関との関係性の変化をとらえることができる。生態地図・社会関係地図ともいう。

実際の記録では，これら複数のマッピング技法が組みあわせて用いられる場

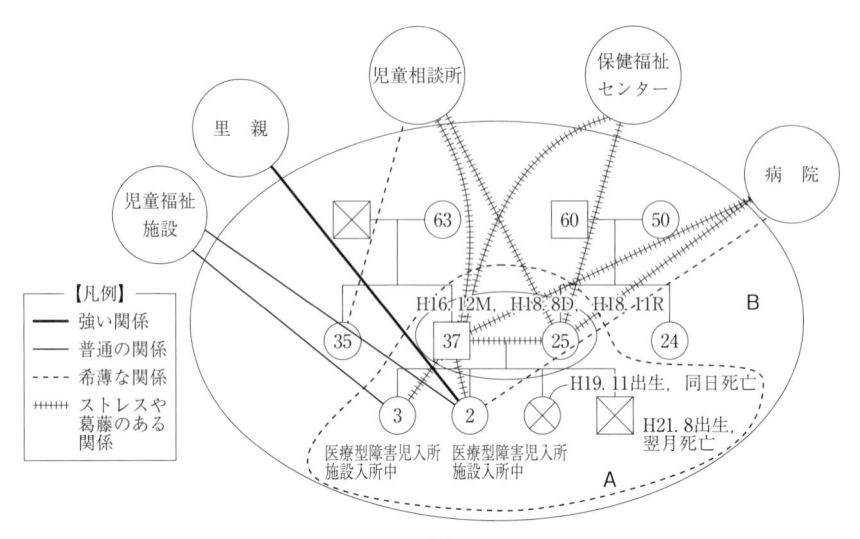

図6-2 マッピング技法の組みあわせ例

出所：『児童虐待事例検証結果報告書』静岡市児童虐待事例検証委員会，2012年，34頁から一部改変して引用．

合も多い．図6-2は，ファミリーマップとジェノグラム，エコマップの組み合わせ例である．点線で囲まれた部分（A）がファミリーマップ，実線の大きな楕円で囲まれた部分（B）がジェノグラム，楕円Bとその周囲を取り巻く地域の社会資源との関係を示しているのがエコマップである（なお，図6-2中央の夫妻を囲む実線で示された小さな楕円は，ジェノグラムで同一世帯を示す線である）．

これらのマッピング技法を用いる場合，相談者は来談者の話を聞きながら的確に図式化する必要がある．

一例として，友だちのエコマップを作成する練習をしてみよう（図6-3）．友だちと二人一組になって，相手から，日常的にかかわりのある団体（学校，サークル，習いごと，アルバイト先やボランティアをしている団体等）や関心をもっていること（進路，就職先等），影響を受けている人物（友人，知人，恩師等）などを聞きとり，図6-3に図式化してみよう．

まずは友だちに，相手の生活にかかわりの深い団体や人物を話してもらい，それらを円で示した後に，それぞれと友だち本人との関係性を聞きながら，本

図6-3 エコマップの作成

人と円とを凡例に示す線で結んでいくと書きやすい。本人を取り巻く社会資源の配置は、サークルや習いごとなどのプライベートな関係を左（または下）に、学校やアルバイト先などの公的、社会的な関係を右（または上）に配置するなど、自分なりに工夫するとよいだろう。相手のエコマップを作成したら役割を交替し、今度は自分のエコマップを友だちに作成してもらおう。

（2）電子メディアを用いる方法

筆記による記録以外に、電子メディアを用いて行う音声や画像の記録がある。
「百聞は一見にしかず」の言葉のとおり、百の言葉よりも一枚の写真がその場の状況を雄弁に語ることは少なくない。また、インタビューを行うときなどには、筆記による記録よりもボイスレコーダーを使った音声記録をとっておくと、後で再生して内容を確認できるので便利である。保護者や近隣住民からの苦情等、訴訟問題等に発展しかねないトラブルに対応している際には、トラブルを生じている相手とのやりとりの音声記録を証拠として残しておく必要が生

じるかもしれない。

　最近は動画も手軽に記録できるようになっており，音声とあわせてその場の状況を知るための重要な記録手段となることもある。音声記録や画像記録について，かつては高価な専用機材が必要であったが，現在ではスマートフォン1台にそのほとんどの機能が搭載されている。だれもが手軽に記録できるようになっている反面，個人所有のスマートフォン等に記録されたデータの扱いには注意が必要である。

　また，音声や画像を記録する際には，原則として記録対象となる相手の了承を得ることが必要である。その際，得られた記録物について本来の目的（支援内容の向上など）以外の用途には使わないことも相手に伝える必要がある。

第4節　作成と管理上の留意点

　国家資格をもつ支援職には，近年，その専門性が社会的に広く認められることにともなって自らの業務に関する説明責任が生じており，保育士もその例外ではない。このことから，業務上のすべての記録は公的なものであり，何かあった場合には自分が書いた記録が社会に対してそのまま公開される可能性があるという認識をもつ必要がある。また，個人情報の取り扱いや管理に関しても十分留意しなければならない。いつ，だれから記録の公開を求められても応じることができるよう，以下の点には日頃から十分留意しておきたい。

（1）記録作成上の留意点

　記録の作成にあたっては主に，1）妥当性（目的にそっているか），2）信頼性（客観的事実にもとづいているか），3）易読性（読みやすい文章になっているか），4）倫理性（独断や差別的な表現がないか），5）視認性（見やすく示されているか）の5つの面に配慮する。

1）妥当性

　記録の方法や内容が目的にそっているか，記録の種類にあった方式や文体が

使われているかに注意する。

2）信頼性

以下の点に留意することで、信頼性の高い記録を作成する。

①署名を入れる：記録者の署名を入れることで責任の所在を明確にする。

②5W1Hを示す：when（いつ：時間）、where（どこで：場所）、who（だれが：主体）、why（なぜ：原因）、what（何を：対象）、how（どのように：方法・状態）を明確にする。場合により、支援に必要な費用等に関するhow much（いくら：金額）を加えた5W2Hとすることもある。

③量的に示す：量的に示すことのできる内容はなるべく数字を使って示す。たとえば、「高い熱」ではなく「38度8分の熱」、「大量のゴミ」ではなく「45ℓの袋30個ほどのゴミ」と書く方が、記録者の主観が入らず読み手に正確な情報を伝えることができる。

④事実を具体的に書く：その場の状況や支援内容、対応は詳細に具体的に書く。たとえば、「タオルで冷やした」と書くよりも、「冷水で濡らしたハンドタオルを2つに折って額に当てた」と書く方が事実を具体的に伝えることができる。

⑤客観的な記述を心がける：自分の主観や憶測は極力入れず、事実をそのまま書くよう心がける。たとえば「橋本さんは怒っていた」と書くよりは、「橋本さんは強い語気で『なぜですか？』と保育士に詰め寄った」と書くほうが正確であり、誤解が生ずる余地が少ない。なお、説明体の文章を書く際には記録者の考察や見解を記すことになるが、その場合は事実と解釈とを区別して示す必要がある。この例の場合、「強い語気で保育士に詰め寄る橋本さんは、怒っているようにみえた」という表現であれば、事実と解釈とが区別されているといえよう。

3）易読性

だれが読んでもわかりやすい、簡潔で明瞭な記録をつくる。

ひとつの文は短くし、一般の人にとってわかりにくい専門用語や、現場で使われている略語を用いることは避ける。

表6-3 相談者として注意したい表現と望ましい表現

注意を要する表現	望ましい表現の例	注意を要する表現	望ましい表現の例
派手	華やか	(服装などが)変わった，突飛な	(服装などが)個性的な，ご本人特有の
感情表現がオーバー	感情表現がきわめて豊か	無表情	感情表現がほとんど見られない
なまりがある	方言で話す，方言のようなアクセントがある	不潔	○○が汚れている（具体的に書く）
おしゃべり，口数が多い	発話が多い	ぼさぼさの髪	整髪されていない髪
うるさい	声が大きい，発話が多い（具体的に書く）	くさい	○○の臭いがする（具体的に書く）
落ち着きがない	じっとしていることが困難（具体的に書く）	同じことばかりする	同じことを繰り返す

出所：八木亜紀子『相談援助職の記録の書き方』中央法規出版，2012年，124～127頁をもとに筆者作成。

4）倫理性

　支援の記録は公的な書類であり，園や施設の内部での利用にとどまらず，関係機関や保護者等の相談者や子ども本人，またその家族等にも閲覧される可能性がある。そうした際，記録中のたったひとつの言葉が原因で，大きな問題に発展するケースもある。保育士自身の感情による独断や，子どもやその家族に対する誹謗中傷などが禁物であることはいうまでもないが，意図せずに使った言葉が差別的な表現として受け止められることもある。たとえば，日常の会話や文章において，表6-3の「注意を要する表現」のような言葉をつい使っていないだろうか。保育士をはじめ対人援助を行う者は，日常使う言葉の一つひとつについて，自らの無意識的な感情や差別意識が潜んでいないか振り返りつつ，言葉を選ぶ習慣を身につけておきたい。

5）視認性

　記録は見やすく示されているかという点が重要である。記録者本人にしか理解できないような文字で書かれていたり，紙面が文字でびっしり埋め尽くされていて内容の判読に時間を要するような記録は，情報伝達という記録本来の役割を大きくそこなう。記録用紙のサイズにあった内容を，読みやすい字で書く

よう心がける。

（2）個人情報保護

2003（平成15）年の個人情報保護法の制定にともなって，個人情報保護に関する意識が社会全般で急速に高まっており，その扱いには十分な注意が必要である。

個人情報の記録については，①保育や支援以外の目的に使用しない。②第三者が閲覧したりもち出したりすることのないよう管理を徹底する。③保育や支援に必要のない個人情報を記載しないようにする。④事例研究や学術発表の場などで事例を報告する場合は匿名化を図り，当事者が特定できないようにしなければならない。⑤開示が要求された場合，速やかに開示しなければならない，などの点が求められる。

特に，園が保有する個人情報記録に対して保護者からの開示請求があった場合，それに速やかに応えることが求められる。

保育や支援の記録は公的な書類であることをつねに意識し，いつ何時，子どもの家族などの来談者に対して開示することになるかわからないという前提のもとに作成することが求められているといえよう。

（3）電子化にともなう注意点

近年の情報通信技術（ICT; Information and Communication Technology）の発展により，相談援助の現場でも，さまざまなICTを活用する機会が増えている。支援記録をパソコンで作成したり，電子メールやソーシャル・ネットワークを使って連絡をとったり，スマートフォンに搭載されたカメラやレコーダーで書類や現場の状況を記録するなど，ICTは私たちの日常生活や業務において今や欠くことのできないツールとなっている。

電子化によるメリットは，記録の作成や共有が効率的に行えること，また，用紙に手書きで書く場合に比べて読みやすく劣化がないこと，管理が容易なことなど数多い。一方で，こうした便利さゆえの危険性があることも否めない。

紙の媒体であれば書棚数十台分にも該当する大量の情報が，薄いディスク1枚，小さなメモリ1つに収まってしまうという状況から，大量の個人情報の流出，漏えいが発生するリスクが高まっている。2014（平成26）年に起きたベネッセ個人情報流出事件（コラム）は記憶に新しい。

　また，こうした故意による情報流出以外に，個人情報のデータが入ったメモリを落としたり，パソコンを電車の網棚などに置き忘れた結果，何者かの手に渡って悪用されてしまう危険性もある。保育や支援の業務を通じて得た個人情報の記録は園や施設からもち出さないことを原則とし，支援に必要がある場合に限り必要最小限のものを携行する，使用後はすみやかにもとに戻すといったルールを園内でつくり，職員全員が遵守する体制を確立して，日頃から確認しておくことが望ましい。

コラム

ベネッセ個人情報流出事件

　2014（平成26）年7月に発覚したベネッセコーポレーション（ベネッセ）の大規模個人情報流出事件。漏洩件数は最終的に3,504万件にのぼると公表されました。流出した情報は，進研ゼミや出産・育児関連の通信販売サービス等の顧客の個人情報で，子どもや保護者の氏名，住所，電話番号，性別，生年月日など。社内調査により，データベースの顧客情報が外部にもち出されて高額で売却されていたことが明らかにされ，ベネッセから業務委託を受けたIT事業者のシステムエンジニアが逮捕されました。ベネッセは200億円分の補償を準備し，被害者への補償として金券500円を用意するとしましたが，これを不服とする被害者は集団訴訟を起こす方針を固めています。

　この事件を受けて，経済産業省は個人情報保護法のガイドラインを改正し，「個人情報の安全管理措置の強化」をはじめとする参考基準を追記しました。

出所：「ベネッセ個人情報流出事件」に関するWebサイト上の記事（2014年12月15日閲覧）をもとに筆者作成。

　電子記録の導入は，記録内容にも影響を与えている。電子データは容易に編集ができ，編集の痕跡が残りにくいことから，記録が改ざんされる可能性がある。また，電子データはコピー＆ペーストが容易なため，記録が画一的になりやすく，個別的な情報が少なくなるという傾向を指摘する声もある。

記録のICT化にあたっては，こうしたICTの特性や，便利さの裏に潜む危険性に配慮し，データ管理の方法やアクセス制限の管理，監視の体制，リスク対処策等を確立しておくことが重要である。

【用語解説】
苦情解決制度……社会福祉法第82条では，児童福祉施設をふくむ社会福祉事業者に対して，福祉サービスに関する利用者からの苦情の適切な解決に努めることを求めている。事業者によるサービスの質や信頼性の向上を図るため，苦情受付から解決・改善までの経過と結果を書面に記録し，個人情報に関するものをのぞき「事業報告書」や「広報誌」等に実績を掲載し，公表することが定められている。

【振り返り問題】
1　あなたが実習等で経験した「特別な対応を必要とした子ども」のエピソードをひとつ思い起こしてみよう（例として，登園後泣いていた子，いっせい活動に入れなかった子，けんかをしてしまった子など）。そのエピソードを，叙述体・要約体・説明体でそれぞれ表現してみよう。
2　1で作成した文章を友だちと交換し，①それぞれの文体から得られる印象，②子どもの保護者になったつもりで読んだときに気になる表現がないか，③気になる点があれば，どのような表現にすればよいかについて話しあってみよう。
3　2をふまえて，その子どもの保護者にあてた連絡帳の文章を，200～300字程度，10分以内で書いてみよう。その日の子どもの様子や出来事を保護者にわかりやすく伝え，受けいれてもらったうえで家庭との連携をはかっていくためには，何を，どのような順番で，どのような言葉を使って書くのがよいだろうか。工夫して書いてみよう。

〈参考文献〉
岩間文雄編『ソーシャルワーク記録の研究と実際』相川書房，2006年。
国民生活審議会第12回個人情報保護部会ヒアリング資料（平成18年12月8日／厚生労働省社会・援護局），2006年。
『児童虐待事例検証結果報告書』静岡市児童虐待事例検証委員会，2012年。
副田あけみほか編『ソーシャルワーク記録——理論と技法』誠心書房，2006年。
「ベネッセ個人情報流出事件」に関するWebサイト上の記事（2014年12月15日閲覧）。
八木亜紀子『相談援助職の記録の書き方』中央法規出版，2012年。

(八木玲子)

第 7 章
相談援助の質を高めるためのアプローチ方法
―― できる実践モデル・アプローチ ――

本章のポイント

保育士は児童福祉法に規定される児童福祉施設のほとんどに配置されています。そして保育士は、児童福祉法（第18条の 4）や保育所保育指針にも謳（うた）われているように、児童への保育やその保護者に対しても保育に関する指導を行うこと、そして地域の子育て支援が求められています。ようするに保育士の支援対象は幅広いといえます。そのため保育士は、児童への直接的なケアワークの技術を学ぶことは大切ですが、それと同様に児童やその保護者の相談援助、あるいは地域への働きかけや結びつきなどのソーシャルワークの技術を身につけることもとても重要なことといえます。ここでは、相談援助に必要な視点やその方法を学びます。

第 1 節　治療モデル・生活モデル・環境モデル

（1）治療モデル

治療モデルは、来談者の抱える課題は彼ら自身に課題があるととらえ、彼ら自身の改善を図ることに特徴がある。これは相談援助を体系化させたリッチモンド（Richmondo, M.）が1917年に著した『社会診断』の考えにもとづいている。リッチモンドは、医師が患者の病気を診断し、治療するという一連の考え方を相談援助に導入したのである。したがって相談者は、来談者の課題について診断し、その診断にもとづく評価を下し、その課題を治療や介助、支援をとおして改善を試みたものである。診断の評価は、来談者本人と彼らが生活をする社

会的側面にも目が向けられた。しかし課題の主たる要因は，来談者自身に直接的要因があることに重きがおかれ，来談者自身を治療や介助，支援することで課題の解決を図ることが目的とされた。

(2) 生活モデル

生活モデルは，ジャーメイン（Germain, C. B.）やギッターマン（Gitterman, A.）などにより提唱されたモデルである。ジャーメインやギッターマンらは，生態学的（エコロジカル）視点を基盤として，来談者の課題を「人と環境」との関係性から解決を図ろうとしたものである。人が生活するなかでさまざまな環境から困難が生じ，その困難が，人と環境と交互作用のなかでバランスを崩したときに課題が生じるという考え方である。

先の治療モデルでは，来談者の課題を主に彼ら自身を治療することで，その課題の解決を試みた。一方で生活モデルは，「生活過程そのものに根差した実践原理を提供するものである」[1]とし，来談者と彼らを取り巻く環境もふくめ，その課題解決を目指したものといえる。

(3) 環境モデル

環境モデルは社会モデルといわれることもあり，この概念は，世界保健機関（WHO）により2001年に公表された「国際生活機能分類（ICF）」にもとづいている。「国際生活機能分類」とは「障害」に関する考え方を提示したものである。

環境モデルは，来談者が課題を生じるのは，彼らを取り巻く環境に起因していると考えるモデルである。簡単にいえば，来談者の課題は社会的環境によって作り出されるということである。

(4) 3つのモデルと課題のとらえ方

これまでに治療モデル，生活モデル，環境モデルについて述べてきた。それではここで以下の事例1について，それぞれのモデルでの考え方を示してみた

い。

> **事例1-1**
>
> **給食を食べ終わるのに時間がかかる香澄ちゃん**
>
> 　4歳の香澄ちゃん（仮名）は，給食を食べ終わるのにいつも時間がかかります。なぜなら給食の残りが，あと3分の1くらいになると，箸が止まってしまったり，食べるペースがさらに遅くなるからです。そのため担当保育士は，香澄ちゃんの食が進まなくなると，給食を少しでも食べられるように支援しています。
>
> 出所：筆者作成。

　まず，事例1-1から香澄ちゃんの課題となっている点は，「給食を食べ終わるのに時間がかかる」ことである。これを各モデルに照らしあわせて考えると，以下のようなことが考えられる。

「治療モデル」：香澄ちゃん自身を課題としてとらえる
- 発育が遅い
- 胃腸の調子が悪い，便秘や下痢
- 噛む力が弱い
- 性格に関係している（おっとりしている，マイペース，わがままなど）
- 香澄ちゃんが残したいといえない

「生活モデル」：香澄ちゃんと給食内容や給食時間などの環境の両面から課題としてとらえる
- 香澄ちゃんに給食のことで気になることなどを聞いてみる
- 給食の量を少し減らして，一人で食べ終えることができるのかを観察する
- 給食で使用している皿や箸，椅子やテーブルの高さなどが香澄ちゃんにあっているのかを観察する
- 給食時の席の場所を考えてみる
- 香澄ちゃんの体調や家での食事の様子を保護者に聞いてみる

「環境モデル」：給食内容や給食時間などの環境を課題としてとらえる
- 給食がおいしくない
- 給食の量が多すぎる
- 椅子やテーブルの高さがあわない
- まわりの子どもたちが食べるのが速すぎたり，騒がしい
- 担当保育士が焦らせている
- 給食の時間が短い

それでは，香澄ちゃんの事例の全体像をみてみたい。

事例1-2

給食を食べ終わるのに時間がかかる香澄ちゃん

　保育所へ通う4歳の香澄ちゃん（仮名）。毎日の送り迎えは母親です。母親はフルタイムの仕事をしているため，朝は香澄ちゃんが保育所に通うための用意と，自分が仕事へ行くための準備をすることにいそがしい。保育所へ香澄ちゃんを送ってきたら，担当保育士とほとんど会話を交わさず保育所を出なければなりません。

　担当保育士が香澄ちゃんのことで気になっていることは，給食を食べ終わるのにいつも時間がかかることです。なぜなら給食の残りが，あと3分の1くらいになると，箸が止まってしまったり，食べるペースがさらに遅くなるからです。香澄ちゃんは小柄な体格でおっとりしていて，気持ちのやさしい子どもです。そのため担当保育士は，香澄ちゃんの食が進まなくなると，給食を少しでも食べられるように支援しています。

　担当保育士は，香澄ちゃんが何か給食のことで気になることがあるのかと考え，香澄ちゃんに話を聞いてみました。しかし「みんなと食べることが楽しい」「きらいな食べ物はない」などと答え，特に気になる話はありませんでした。先輩保育士へ香澄ちゃんの給食のことについて相談すると，香澄ちゃんの体格にくらべ給食の量が多いのではないか，とのことでした。そして家での食事量を母に聞いてみたらどうか，ともアドバイスをしてくれました。

　そこで担当保育士は，母親に香澄ちゃんの給食のことについて話を聞いてみることにしました。ただし，母親は朝の受け入れの時間はいそがしいので，お迎えの時間に給食のことについて話がしたいことを連絡帳に書きました。

　香澄ちゃんの母親と話をすることになりました。母親は「私がいそがしいからかしら」と話し始めました。母親の話では，香澄ちゃんは家でもゆっくりしたペースでご

飯を食べるとのことでした。母親は香澄ちゃんの様子が気になり，医師に相談したこともありましたが，病気ではなく，気にする必要はないといわれました。母親は病気でないことに安心しましたが，やはり香澄ちゃんの食事のペースは遅く，母親は仕事をしているので，特に朝食時間はいそがしく，香澄ちゃんが一人で食べ終わるのを待たずに，食事の途中から母親が食べさせてしまっている，とのことでした。

出所：筆者作成。

　事例1-2の全体像から何がわかるだろうか。初めに課題であった「給食を食べ終わるのに時間がかかる」ことの本当の課題はどこにあるのであろうか。

　担当保育士は母の話から，「香澄ちゃんは，ご飯の途中から母に食べさせてもらっていることが習慣にある」と気づき，そこから香澄ちゃんが給食を食べることについて，どのように保育を展開していくべきかを考えることができるだろう。そして，母の仕事がいそがしいことを考慮（保護者支援）しながら，保育所で実践できる香澄ちゃんへの支援の方向性として，次のように考えられる。保育所での給食の時間は，香澄ちゃん自身が食事を楽しみながら意欲的に食べられることを大切にする。そのために，ほかの子どもたちとのごちそうさまの時間を少しずらし，給食時間に余裕をもたせること，箸が止まってしまったり，ペースが遅いときは，声かけやときどき支援をしながら，じょじょに自らの力で給食を食べられるように配慮をする。

　この事例からわかるように，子どもの課題を考えるときに，子ども自身に課題をとらえたり，その子どもを取り巻く環境に課題をとらえること，そして子どもと環境の両面から課題をとらえる方法がある。子どもは私たちと同じように環境のなかにいる存在である。ましてや子どもは，その環境（人間関係や生活環境など）に影響を受けやすいものである。環境が子どもに課題を与えてしまう場合もある。子どもを保育するときは，一人ひとりの子どもをよく観察することはもちろんだが，子どもを取り巻く環境にも着目することがとても大切なことといえる。

コラム1

モデル，アプローチの峻別理解

　モデルとは，一般的に，「模型」や「模範」，「雛型」や「範型」を意味しており，直接には把握することがむずかしい事象や現象を抽象化して，時には図式化等を試みて，描写，記述しているものと解することができる。その一方でアプローチは，「接近」や「接近方法」を意味し，仕事や研究，問題などに「取りかかる方法」（時にはその際の態度も含む）であり，一連の流れをもった具体的な方法を意味する。

　出所：社会福祉士養成講座編集委員会編『相談援助の理論と方法Ⅱ』中央法規出版，2009年，126～127頁より引用。

第2節　心理社会的アプローチ

（1）心理社会的アプローチとは

　心理社会的アプローチとは，ホリス（Hollis, F.）が1964年に著した『ケースワーク——心理社会療法』によって提唱されたアプローチ方法である。ホリスは「ケースワークの中心概念は"人と状況と，この両者の相互作用"の三重の相互関係からなる"状況の中にある人間"の概念である」とした[2]。そしてこのアプローチは「個人の社会的機能の遂行，特に，その対人関係の向上をもたらすために使われるもの」と述べ[3]，社会的機能の遂行とは「〈社会環境〉と〈個人〉の相互作用を意味する」としている[4]。

　ホリスは，環境と個人はさまざまな事柄から影響を受け，また依存しており，人間関係の特質は，自分以外の力により決定されることがあるとしている。そのため個人と環境とその両者からの視点にもとづく支援の必要性を述べている。

（2）「状況のなかにある人間」をとらえる

事例2

母親の悩みごと

　毎日のようにお昼すぎになると児童館に来て，夕方になると帰る母子がいます。母親は30歳代前半くらい，男の子は2歳あるいは3歳になったばかりのようにみえます。

母子は，児童館で開催されているプログラムに参加するわけではなく，母親はいつもロビーにおいてあるベンチに座り，男の子もベンチの側で自宅から持参したと思われる玩具で一人で遊んだり，絵本をみて過ごしています。母親はときどき男の子に話しかけているようです。

　何日か児童館に通ってきた頃に職員の井上保育士（仮名）が，母親にこれから絵本の読み聞かせの時間があることを伝え，男の子と一緒に参加を勧めましたが，母親は「いえ，いいです」といって参加を断りました。その翌日，そしてその翌日も母子は児童館に通ってきました。そして母親はロビーのベンチに座り，男の子は一人で遊んでいるという状況が日々繰り返されていました。この母子の様子は児童館の職員会議で，母親は何かに悩んでいるのではないか，という話になりました。井上保育士は，絵本の読み聞かせの時間に誘ったが断られた経緯を話し，母子の様子を見守りながら，再度，何かのプログラムに参加を促すことを意見として出しました。その結果，母子の見守りは職員全員が行う，直接的な母子へのかかわりは井上保育士がもつことになりました。

　母子が児童館に通い始め10日ほど過ぎた日に，児童館に遊びにきていた女の子とある出来事がありました。それは，いつもどおりロビーのベンチの側で遊んでいた男の子の玩具を，児童館にきていた女の子が遊ぼうとしてしまい，男の子がその女の子を両手で押してしまいました。そして女の子は尻もちをつき，泣きだしてしまったのです。女の子の母親はすぐさま女の子に駆け寄り，井上保育士もすぐに側に駆け寄りました。男の子の母親は，「ごめんね，ごめんね」と女の子にあやまり，女の子の母親にも謝罪をしました。女の子の母親は，自分の子どもが悪かったことを母親に伝え，女の子にけががなかったため，そのやりとりで解決をし，女の子とその母はプログラムへ参加するためにその場を立ち去りました。

　井上保育士が男の子の母親に「子ども同士はこういうことがありますよね」と話すと，母親は涙を流し，「どうしたらよいかわからない」といいました。井上保育士は母を相談室に誘い，男の子はほかの職員と遊んで待っていてもらうことにしました。

　母親の話を聞くと，最近この児童館の側に引っ越しをしてきたとのことでした。そして母自身が小さいときから親にしかられて育ってきた経験があります。それに対し母親は抵抗があり，自身が子育てをする際は，しからず子育てをしようと心がけてきました。けれども以前もほかの子どもとのトラブルがおき，自分の子どもにどのように対応してよいかわからず，ほかの母親たちに子育てがまちがっているのではないかと思われていると思うと話しました。そのため，なるべくほかの母子とのかかわりを避けているとも話しました。

出所：筆者作成。

　この事例では，母親が自分の子育てについて葛藤を感じていることが課題で

ある。その葛藤は，母親自身が幼少期に親にしかられて育ったことに起因している。母親自身が幼少期につらかったことから，自分の子どもには同じ思いをさせたくないという，子どもへの愛情がみられる。そして，子どもがほかの子どもとかかわれば，また何かトラブルがあったときに，自分の育て方がまちがっていると思われたくない思いから，ほかの母子とのかかわりを避けるようになっている。

しかし事例の母親がほかの母子とのかかわりを回避したければ，母子や子どもが多く集まる児童館にはこないであろう。そこにもこの事例の母親の子育てに対する葛藤がみえてくる。ここまで良いと思って子育てをしてきた，自分の子育てに共感をしてほしい，しかし自分の子育てはまちがっているのではないか……。また引っ越してきたばかりという状況も，母親が子育ての相談などができる人がいないことも考えられる。

事例の母親は，自身の幼少期に親に「しかられた」ことと「怒られた」ことを整理することで，自分の子育てを見つめ直すことができると考えられる。しかるという行為は，物事の善悪について正す行為と考えられるが，怒るという行為は，感情的な行為と考えることができる。母親がまず自身の幼少期のつらい経験を振り返ることで，自分と子ども，そして他者との関係性がみえてくるだろう。相談者は母自身が幼少期に受けた体験や現状の母親の子育てについての考え方を受容し，子育ての悩みについて母親と一緒に解決に取り組む姿勢が求められる。そして母親が子育てに自信をもてるようになることで，ほかの母子との関係性の改善が図れるように支援をすることが目標といえる。

第3節　問題解決アプローチ

（1）問題解決アプローチとは

問題解決アプローチは，パールマン（Perlman, H. H.）が1957年に著した『ソーシャル・ケースワーク──問題解決の過程』により提唱されたアプローチである。パールマンはその著書のなかで「人生はそれ自身問題解決の過程」[5]であ

るとし，相談援助の構成要素として，以下の4つを記した。人（Person: 来談者〔クライエント〕），問題（Problem），場所（Place: 来談者が相談に訪れる場所や相談をする場所），過程（Process: 来談者が問題に取り組めるようにすることや問題を軽減すること）。この4つの頭文字から4つのPといわれている。1980年代には，専門職（Profession），制度・政策（Provision）を追加している。

パールマンは，相談者は来談者の性質や抱えている問題を理解する必要性を述べ，その問題は相談者が問題だと考えるものではなく，来談者自身が問題だとしていることを解決することであるとしている。そして来談者もまた自身の性質や抱えている問題を理解し，相談者との関係のなかで来談者自らが「一人の機能する人[6]」として問題解決に取り組めるように働きかけることの重要性を述べている。この来談者の能力をワーカビリティ（働く能力）としている。

（2）来談者の「問題」を支援する

パールマンは来談者を支援する過程で必要なことは，来談者の動機づけ（問題を解決する意欲や意志），来談者の能力（問題に取り組むさまざまな能力），機会（問題解決に必要とする資源や場面など）としている。この3つの支援過程と先の4つのPをふまえ，以下の事例について考えてみたい。

事例3

児童養護施設で生活をする純一君の進路

現在，児童養護施設で生活をしている中学3年生の純一君（仮名：15歳）はこの春に高校進学をするか，施設を退所するかの選択が迫られています。中学2年生までは，料理人になりたいという夢があり，高校進学を考えていました。施設の担当職員から夢を叶えるには勉強をすることが大切であるといわれ，純一君はもともと勉強が好きではありませんでしたが，勉強への意欲をもっていました。部活動はサッカー部で，2年生の冬に行われる大会でのレギュラー入りを目指し，施設でも余暇時間にドリブルをするなどの自主練習にはげんでいました。

ところが，純一君は冬の大会を目指していた2年生の秋に，部活動の練習中に足のじん帯を切るけがをしてしまいました。このけがは，1週間程度の入院と全治3か月でした。けがをした直後は，このけがを早く治して冬の大会に出たいと思っていまし

た。しかし退院後久しぶりに学校に行くと，授業はまったくわからなくなっていました。そして病院でのリハビリを行うために部活動を休むことになり，冬の大会に向けがんばっている友人たちの姿をみると自分が部活動に参加できない焦りから，イライラするようになっていきました。

　担当職員のはげましもあり，純一君はリハビリには何とか通っていましたが，中学校への登校をしぶる様子がみられるようになりました。そして担当職員に，勉強がきらいだから高校には行かないと話すようになりました。担当職員は純一君と何度も話をする機会をもうけましたが，話をすると暴言を吐いたり，やがて口もきかなくなってしまいました。この頃から施設の生活で，ほかの子どもとたびたびトラブルを起こすようになりました。そのトラブルの原因は，純一君がささいなことで他者にキレてしまうことにありました。小学4年生でネグレクトにより施設に入所した当初も，イライラして物にあたったり，他者に暴力を振うことはありました。しかし施設生活に慣れ，担当職員に料理の手伝いをほめられたり，中学に入りサッカー部に入ったことで，純一君に変化がみられていました。

　中学3年生になり，遅刻や早退を繰り返しながらも学校に通うようになりました。中学校の二者面談に出席した純一君の担当職員は，純一君の施設での様子や気持ちなどを担任の先生に話しました。すると担任の先生は，純一君に勉強が遅れてしまった部分やわからないところを放課後に教えてくれるとの提案をしてくれました。担当職員が純一君に二者面談の話をすると，久しぶりに「あっ，そう」とぶっきらぼうではあるが返答をしました。そして翌日は，通常どおりの時間に通学をする姿がみられました。

　出所：筆者作成。

　この事例において「人」は純一君である。児童養護施設で暮らす中学3年生の純一君は，高校へ進学をしなければ原則として施設を退所しなければならない。

　次に「問題」は，純一君が何を問題としているかということになる。純一君には料理人になりたいという夢があった。しかし足のけががきっかけでサッカー部で活躍することができなくなり，授業についていけず勉強する意欲まで失ってしまった。そこで純一君のクラス担任が補習の提案をしたことから，純一君の気持ちが少し前向きになった。このことから純一君は，自身の将来について模索していることが問題と考えられる。目前の問題は，純一君が授業に追いつくことができるようになることである。

「場所」は主たる場所は児童養護施設である。そして中学校と連携することが必要である。

最後に「過程」は，純一君が高校進学をするか否かで，純一君の進路は大きく変わってくる。純一君に高校へ進学した場合の支援，あるいは進学をしなかった場合の支援について説明をする必要があるだろう。そして純一君がどちらの選択を希望するか，その選択後は純一君がどのように問題に取り組むことができるかを考えられるように支援する必要がある。また純一君が中学生という年頃の年齢であること，ネグレクトという理由で児童養護施設に入所したことも考慮することを忘れてはならない。

純一君の「動機づけ」として考えられることは，純一君には料理人になりたいという夢があることである。

「能力」としては，料理人になりたいという夢に向け勉強への意欲をもっていたことである。またサッカーに夢中になれるということはひた向きに努力ができることである。そして児童養護施設の担当職員や中学校のクラス担任の協力が得られ，純一君自身がその協力を受け入れようとしていることである。

「機会」としては，純一君の気持ちに寄り添える施設の担当職員がいること，中学校のクラス担任が協力し，純一君に勉強を教えてくれることが挙げられる。

純一君の事例から4つのP，そして支援過程について考察した。この考察から支援者は純一君に今後どのような支援が必要であるかを考え，純一君が自らの問題を理解し，自らがその問題解決に取り組めるように支援計画を立てることが必要となる。

純一君の事例にもあるように，児童養護施設で生活する子どもたちは，高校進学か否かで，将来は大きく変化をするであろう。昨今の児童養護施設の在籍児は，その多くが被虐待児である。そのため家庭からの支援が受けられない子どもたちが多くなっている。このような子どもたちを支援する場合，相談者は子どもの気持ちを十分に考慮しながら支援を行うことが重要である。

第4節　ストレングス・モデル

(1) ストレングス・モデルとは

　ストレングス・モデルとは，来談者がもっている強さ「ストレングス (strengths)」に着目（ストレングス視点）し，支援を展開する方法である。これは1980年代にカンザス大学のサリーベイ（Saleebey, D.）らにより実践された方法である。

　来談者がもつ「強さ」とは，能力，性格，希望，特技，体力，資産などを来談者自身に見出すことや，その来談者を取り巻く環境（家族や知人，社会資源など）もふくまれる。しかし来談者は自身がもつ「強さ」に気づいていない（潜在能力）ことや「強さ」を発揮できる状態にない場合などもある。したがって相談者は，来談者がもつ「強さ」を最大限に発揮できるように努め，また来談者自身がその「強さ」を主体的に活用できるように支援していくことが必要となる。

(2) 来談者の「強さ」を活かす支援

事例4

発達障害のある晃君

　保育所の5歳児クラスに在籍している晃君（仮名）は，3歳児健診で発達障害と診断されました。晃君は集団での活動がむずかしく，ほかの子どもたちとのかかわりはほとんどありません。そのため保育所では晃君に担当保育士がついており，関係は良い。晃君は砂遊びなど好きな遊びには何時間でもその遊びを行っています。一方で場面の切り替えに順応することがむずかしく，遊びを切り上げることができません。そして晃君は特に大きな音が苦手のようで，ほかの子どもが泣いたりすると落ち着かなくなり，走りだしたり，泣いたりする姿がみられます。

　晃君の両親は，晃君が発達障害と診断をされたときはとてもショックを受けましたが，現在は，晃君の個性として受け止めようとしています。しかし晃君が自宅でも落ち着かなくなると，両親は晃君を怒ってしまうとのことでした。晃君はこの春からの小学校の就学を控えており，両親は晃君のこれからのことについて悩み始めています。

保育所では保育巡回相談を自治体に依頼し、佐藤相談員（仮名）に晃君の保育方法の相談をしています。そこで保育所では、晃君の今後のことを考え、両親も交えて子育てや養育の仕方などを話しあうことになりました。話しあいには、晃君の両親、保育所長、担当保育士、佐藤相談員、そして佐藤相談員が声をかけ、療育センターの遠藤ソーシャルワーカー（仮名）が同席することになりました。

話しあいにおいて両親からは、晃君の子育てについてや地域の小学校に入学させたいことなどが話されました。保育所からは担当保育士が晃君の保育所での様子を話し、佐藤相談員は晃君の保育所での様子や担当保育士とのかかわりなどの見立てを話しました。遠藤ソーシャルワーカーは、晃君の両親の話や担当保育士から保育所での晃君の様子を聞いて、晃君の支援計画を作成することにしました。

出所：筆者作成。

この事例から主たる来談者は、晃君となる。しかし晃君は5歳児クラスの子どもであることを考慮すると、晃君の両親もふくめ来談者と考えることが望ましい。

晃君の「強さ」について以下を挙げることができる。

①発達障害と診断されている。
②担当保育士がついており、関係も良い。
③好きな遊びは集中できている。
④両親は晃君の障害を受容している。
⑤保育所は晃君について保育巡回相談を依頼している。
⑥佐藤相談員をとおし、療育センターとのつながりができた。

①〜③は晃君自身の「強さ」に着目し、④〜⑥は晃君と取り巻く環境の「強さ」に着目した考え方である。この晃君の「強さ」から、短期的な支援計画と長期的な支援計画を立てていくことが大切である。

短期的な支援計画は、現状の晃君自身がもつ①〜③の強さを活かし、保育所や家庭で実践できることを考え、晃君の活動を広げていけるようにすることである。また長期的な支援計画は、④〜⑥の強さを継続していけるように、特に晃君は小学校就学を控えた年齢であることも考慮し、保育所と小学校との連携、小学校就学後の支援も視野に入れた計画を立てる必要性がある。

事例4の晃君は発達障害と診断されているが，昨今の保育現場では「気になる子ども」が増えているといわれている。保育士などの支援者は，つい集団のなかでの子どもをみることになりがちで，どうしても子どもの気になる部分に目を向けてしまうことがある。それは保育者などの支援者が，子ども一人ひとりをよくみていることで起きる結果であるから，その気づきは大切なことである。しかし子どもは，子ども自身を取り巻く環境からも影響を受けていることがある。したがって，なぜその子どもが気になるのかということを多角的に考える必要があるだろう。そして子どもの気になる部分の見方を変えてみると，それが子どもの「強さ」である場合があることも忘れてはならない。

コラム2

問題行動は悪いもの？

　そもそも大人は，子どもの行動を「良い」ものと「悪い」ものとに分けて判断しがちです。大人がみて「良い」と感じる行動には称賛を与え，「悪い」と感じる行動には叱責を与えて改めさせます。そしてだれしも，できれば「良い」行動をしてほしいと望みます。

　ところが，大人にとっての子どもの行動の意味は，子どもにとっての行動の意味と少し異なる場合があります。そもそも問題行動というのは，子どもにこうあってほしいとか，こうあるべきだという大人の側の考えと，実際の子どもの考えにズレが生じたときに起こるものです。ですから，大人が自分と子どもの認識の「ズレ」に気づくこと，つまり子どもの行動をどう解釈するかがこの問題を考える重要な鍵となります。

出所：小西行朗『発達障害の子どもを理解する』集英社，2012年，179頁から引用，一部筆者改変。

第5節　エンパワメント・モデル

（1）エンパワメント・モデルとは

　「エンパワメント（empowerment）」という概念は，相談援助に限らずさまざまな分野で用いられている。相談援助においてエンパワメントという概念が用いられたのは，ソロモン（Solomon, B. B.）が1976年に著した『黒人へのエンパワメント──抑圧された地域社会におけるソーシャルワーク』にもとづいてい

る。

　人はさまざまな「力（power）」と関係性を保ちながら生活をしていると考えることができる。それは目にみえるものもあれば，目にみえないものもある。たとえば，自分が好きなことに取り組むときは「力」を注いだり，得意なものには「力」を発揮できることがある。一方で，気持ちが落ち込んでいたり，疲れていたりすれば「力」が出ないという経験があるだろう。そして環境が人に「力」を与えたり，反対に「力」を失わせたりすることもある。たとえば，自分の夢や希望に対して応援をしてくれる人や環境があれば，自分自身がもっている「力」を発揮でき，それ以上に「力」を発揮することさえある。しかし抑圧された状況や排除されたような環境などでは，「力」を失ってしまう場合がある。このように本来の「力」（内在する力）が発揮できないような状況を「パワーレスネス（powerlessness）」という。

　したがってエンパワメント・モデルとは，支援者が来談者のもつ自らの「力」を意識し，環境もふくめ来談者自らの生活課題の解決を図っていけるように支援していくことである。

（2）来談者の「内在する力」を活かす支援

事例5

本当の気持ち

　保育所の5歳児クラスの真美ちゃん（仮名）が，最近は保育室内にいることが多くみられます。田中保育士（仮名）が「真美ちゃん，お外に行かない？」とたずねると，真美ちゃんは「寒いから行かない」と答えました。「そうだね。寒いけど，一緒に遊びたいな」と再度誘ったが，「行かない。お部屋で遊ぶ」といいます。しかし真美ちゃんは何かの遊びをする様子はなく，あてどなく保育室内にいる姿がみられます。

　真美ちゃんが外遊びをしたがらない理由がありました。現在，5歳児クラスの遊びの中心は縄跳びです。連続で縄跳びができる子どもがいれば，1回飛ぶことがやっとの子どももいます。真美ちゃんは縄を回しながら飛ぶという一連の動作がむずかしく，縄を回しては止まって飛ぶ，という状態です。しかし真美ちゃんとなかよしの一美ちゃん（仮名）や信也君（仮名）などは，縄跳びをしながら走ることができるほどになっていました。

> 保育士は真美ちゃんが縄跳びに参加できないことを気にしていることがわかりました。そこで真美ちゃんに「先生と一緒に縄跳びが飛べるように練習をしようか」と言葉をかけました。すると真美ちゃんが「うん。でもお外には行きたくない……」と答えました。ほかの子どもたちに練習をする姿をみせたくないとのことでした。そこで保育士は保育室内で、真美ちゃんと向かいあい両手をつなぎ、保育士のかけ声と同時に真美ちゃんにその場でジャンプをする遊びをしてみました。すると真美ちゃんはかけ声と同時にジャンプをすることは可能であり、とても楽しそうな表情でジャンプをしています。保育士が「真美ちゃん、ジャンプが上手だね。すごく高く飛んでるよ！」というと、真美ちゃんは「ぴょーん、ぴょーん」と笑いながら、保育士のかけ声にあわせてジャンプをし始めました。
>
> 出所：筆者作成。

　子どもは当然のことながら、自らの意思やプライドをもっている。しかし、その意思やプライドを言葉で表現することがむずかしいことがあり、自らの本来の想いとは別の言動を示すこともある。

　事例5の真美ちゃんは、なかよしの一美ちゃんや信也君と本当は一緒に縄跳びで遊びたいという気持ちがある。しかし自分が縄跳びを上手に飛べないことで、一緒に遊ぶ意欲を失ってしまった。保育士は真美ちゃんに「縄跳びが飛べるようになる」という動機づけをし、真美ちゃんが縄跳びを飛べない理由をみつけるために、まず遊びをとおし真美ちゃんの身体的な側面から働きかけをしている。真美ちゃんの様子から、身体的な側面の課題はなく、真美ちゃんの身体的な能力は可能である。保育士は、真美ちゃんの縄跳びが飛べるようになりたい、友だちと縄跳びで遊びたい、という意欲に共感し、真美ちゃんが力を発揮できるようにどのような働きかけをしたらよいかが今後の支援展開となるだろう。

　ここでは縄跳びの事例を挙げたが、保育士が保育を展開するなかで子どもたちがさまざまな葛藤に出あう場面に遭遇する。そのようなときには、まず子どもの気持ちに寄り添い、子どもがどうしたいのかという想いをくむことが大切である。そしてその想いを子ども自身の「力」に変化できるように支援を考え、子ども自身が自信を取り戻し、本来の力（内在する力）を最大限に発揮できる

第 7 章　相談援助の質を高めるためのアプローチ方法

ように働きかける必要がある。

【振り返り問題】
1　保育を展開する場面でみられる子どもの課題を考え，その課題を生活モデルの視点でとらえてみよう。
2　事例3「児童養護施設で生活をする純一君の進路」について，純一君が高校へ進学する場合と施設を退所する場合の支援計画を立ててみよう。
3　事例6「本当の気持ち」の真美ちゃんが縄跳びを飛べるようになるために，身体的な能力以外にどのようなエンパワメントの視点が考えられるだろうか。

〈引用文献〉
(1)　ジャーメイン，C.B.／小島蓉子訳『エコロジカル・ソーシャルワーク』学苑社，2011年，203頁。
(2)　フローレンス・ホリス／本出祐之・黒川昭登・森野郁子訳『ケースワーク──心理社会療法』岩崎学術出版社，1969年，8頁。
(3)　前掲書(2)，12頁。
(4)　前掲書(2)，13頁。
(5)　ヘレン・ハリス・パールマン／松本武子訳『ソーシャル・ケースワーク──問題解決の過程』全国社会福祉協議会，1966年，65頁。
(6)　前掲書(5)，244頁。

〈参考文献〉
上田敏著『ICFの理解と活用』きょうされん，2014年。
久保紘章・副田あけみ編著『ソーシャルワークの実践モデル』川島書店，2013年。
小西行朗『発達障害の子どもを理解する』集英社，2012年。
ジャーメイン，C.B.／小島蓉子訳『エコロジカル・ソーシャルワーク』学苑社，2011年。
社会福祉士養成講座編集委員会編『相談援助の理論と方法Ⅱ』中央法規出版，2009年。
白澤政和・福山和女・石川久展編『社会福祉士　相談援助演習』中央法規出版，2009年。
フローレンス・ホリス／本出祐之・黒川昭登・森野郁子訳『ケースワーク──心理社会療法』岩崎学術出版社，1969年。
ヘレン・ハリス・パールマン／松本武子訳『ソーシャル・ケースワーク──問題解決の過程』全国社会福祉協議会，1966年。

（瓜巣由紀子）

第8章
相談援助の専門家・関係機関との連携

― 本章のポイント ―

　2008(平成20)年の改訂保育所保育指針に「保護者への支援」を行うことが明記されました。その背景として，社会の変化にともなって，少子化，核家族化，そして近隣との結びつきの弱さなどから子育て家庭が孤立し，養育力が低下していることが見受けられるようになったことが挙げられます。

　子どもの問題は，保護者が抱えている問題と連動していることが多くみられます。そのような問題は複雑で困難なことが多く，担任保育士または単一機関だけで対応すると身動きがとれなくなることがあります。本章では，保育士が子どもの生活を支えるために他の専門家や機関と連携して支援することの意義を学びます。

第1節　連携の必要性

　相談援助は「何かしらの援助が必要な人」に対して保育士などの専門家が専門的な知識やさまざまなスキルを用いて行われる「対人援助」の活動である。

　子育てに関することであれば保育士が取り組む活動と思われがちであるが，子どもの発達や健康上の問題などに関しては保育士のもつ専門的な知識を用いただけで援助することは困難であり，医師や保健師，看護師などの力が必要となる。保育士や医師，保健師等が必要な情報などの共有をもとに連携し，お互いのもつ専門知識を活用することにより相談者の様子を多面的にとらえ，適切

な相談援助活動を行うことが可能となる。こうした専門家同士の連携が相談援助の活動に大きな影響を与える場合がある。次の事例1をご覧いただきたい。

　この事例は児童虐待により子どもの尊い生命が失われてしまった経緯を示したものである。児童相談所や市の保健センター，保育所の保育士などの専門機関の専門家がかかわっていたにもかかわらず連携がうまくいかずに不幸な結果になってしまったものであり，連携の大切さを物語っている事例である。

事例1

甘えたいのに

　ある年の9月に児童相談所に匿名で「子どもが虐待されているようだ」との電話連絡が入りました。電話の内容は，「夜8時頃あるアパートの近くをとおりかかったとき，3，4歳くらいの女の子が外に出され泣いていました。そのとき，女性の声で『お前なんか前のお母さんのところに帰れ』と怒鳴られていた」というものです。

　翌日，児童相談所の花咲児童福祉司（仮名）と家族の指導を担当している山田保育士（仮名）の2名で連絡のあった家庭に訪問し確認したところ，家には3歳の信子ちゃん（仮名），父，義母，異父姉の4人で生活をしていることがわかりました。義母に，匿名の電話で「昨夜，女の子が外に出され，女の人に怒鳴られて泣いていたという連絡が入ったので確認にきました」と訪問の趣旨を説明したところ，「うちじゃないから」と迷惑そうな顔をしましたが，花咲児童福祉司と山田保育士は，「お話を聞かせてほしい」と申し入れをしたところ，義母はドアを開けて，しぶしぶ家のなかに入れてくれました。

　異父姉は保育所に行っていて不在で，父親と信子ちゃんは奥の部屋で午睡をしていましたが義母に起こされ居間に出てきました。義母は父親に来訪者のことを話すと，すごい剣幕で怒鳴り始めました。信子ちゃんは，父親の剣幕に動揺することなく義母に抱っこされ甘えていました。父親は「信子を虐待しているとお前らが疑うなら，今，信子を裸にするから自分の眼で確認しろ。もし傷がなかったらただじゃすまないぞ」とすごみました。義母が信子ちゃんの衣服を脱がそうとしたので，山田保育士は，「いや，そこまでしなくても結構です」と止めました。その後，信子ちゃんは，義母におやつをねだり，たのしそうに一緒にテレビをみながらおやつを食べていました。花咲児童福祉司と山田保育士は，信子ちゃんの義母への自然な甘え方や会話などからごく普通の親子の関係だと思い，通告内容を再度確認しないまま，しばらく経過をみることにしました。その後，信子ちゃんに関しての通告等はありませんでしたので，児童相談所は当面は親子の様子をみることにしました。

　しかし，翌年の3月，信子ちゃんは脳挫傷で病院に運ばれ，亡くなりました。その

後，警察の調べで，父親が信子ちゃんのおもらしに腹を立て，棒で頭を叩いたことがわかりました。
　事件後，A県の児童虐待事例検証委員会の調査の結果，(1) **通告**のあった年の7月に，服役を終えた父がスナックに勤務していた義母と知りあい結婚し，服役中に養育していた父方祖母のもとから信子ちゃんを引きとったこと。(2) 異父姉の保育所送迎時に，信子ちゃんが落ち着かず動き回ることから，義母に怒鳴られ，叩かれている姿を複数の保育士が目にし，義母への支援を検討していたこと。(3) 義母は信子ちゃんのおもらしや食べこぼしなどの相談を市の家庭児童相談室の相談員にしていたこと等が判明しました。
出所：筆者作成。

第2節　チームアプローチ

　前節で述べたように，相談者の求める援助を行うには子育て支援に関することであっても市の担当者（福祉司など）や保育士だけではなく，子どもの発達や健康上の問題や親に対する支援等に対応するため医師や保健師，看護師などの医療スタッフと連携することにより，より質の高い援助の提供が可能となる。
　チームアプローチとは，支援を必要としている人もしくは支援が必要と思われる人に複数の専門家や機関などが必要な情報（問題と見なしていること，アセスメント，家族状況など）を共有し，働きかけることを意味する。支援するチームは，同じ職場内のメンバーもしくは職場を異にする複数の機関で構成される場合がある。子どもの権利擁護に関する問題は，複雑で困難なことが多く，複数の機関で支援することは有効であるが，同時にむずかしさもある。次の事例2をご覧いただきたい。

---事例2---

おじいちゃん，おばあちゃんといっしょにいたい

　加奈子ちゃん（仮名：小学2年）が通う小学校の校長から，B市福祉課に電話が入りました。話の概要は，祖父（84歳）と祖母（84歳，認知症）の3人家庭，父親は服役中，母親は行方不明，そして叔母が近くに住んでいます。祖父は，自分たちの配食サービスの食事を残して加奈子ちゃんに食べさせ，また風呂にもあまり入れてないよ

うで汚いなどの理由から，学校や民生児童委員は祖父に加奈子ちゃんの施設入所を勧めました。しかし，祖父は怒りだし，取りつく島がなく，会話ができない状況です。加奈子ちゃんに今の生活のことを聞くと，「おじいちゃん，おばあちゃんとの生活はたのしい。福祉のおじさんは施設のことをいうけど，おうちにいたい。お父さんももうすぐお家に帰ってくるっておじいちゃんがいうし，友だちとも別れたくない」といいます。しかし，同じ年齢の子の生活とくらべると今の生活はあまりにかけ離れており，加奈子ちゃんがかわいそうなので施設に入れてもらえないか，というものでした。

　B市福祉課長は，学校長，民生児童委員，家庭児童相談室，介護事業所，児童相談所そして叔母によるチームアプローチが適当と判断し，関係する機関等へ参集を呼びかけました。

出所：筆者作成。

　この事例で学校や民生児童委員は，配食サービスの残りを加奈子ちゃんに食べさせること，あまり入浴させないので汚いことなどから加奈子ちゃんへの養育を児童虐待（ネグレクト）ととらえ，加奈子ちゃんを施設入所させることを提案した。B市の福祉課長は加奈子ちゃんに関係する学校や民生児童委員，家庭児童相談室，児童相談所，その他に祖父母の介護にかかわっている介護事業所，叔母等にも呼びかけ，チームで支援していこうと呼びかけた。

　チームで調査し協議した結果をもとに，今回問題とされている食事と入浴に関して，叔母に支援の可否を確認すると，支援はできるという。その実現性と加奈子ちゃんの祖父母と一緒に生活したいという気持ちをふまえて，児童相談所等は加奈子ちゃんが祖父母と一緒に暮らせるように支援することを提案した。その理由として，①加奈子ちゃんが祖父母との生活を望んでいること，②祖父なりに加奈子ちゃんを養育しており，ネグレクトとはとらえがたいこと，③祖父に加奈子ちゃんを施設入所させる意思がないこと，④叔母の支援が得られること，⑤叔母も祖父母と一緒に生活させたい意向をもっていることである。

　本事例では，本家庭を多面的に支援（介護ヘルパーによる支援，配食サービス，民生児童委員，家庭児童相談室，児童相談所の定期的な訪問）し，また近くに住む叔母が，食事などの生活面について改善できるよう支援することで，3人が一緒に生活できるようになった。

チームアプローチするときのむずかしさは，チームを組む人の視点に相違が生じることである。それを克服するには，第4節のカンファレンスを丁寧に行い，そのなかでそれぞれが思っていることを出しあい，問題とされていることへの認識，支援の方向性そして支援内容を共有することである。

第3節　ソーシャルネットワーク

　私たちはさまざまな人（家族，親戚，友だちなど）や機関（会社，役所，保健センター，学校，保育園，幼稚園，児童館など）の人とのつながりのなかで生活している。このつながりをソーシャルネットワークという。
　近年，社会が変わったといわれる。その変わったものに，ソーシャルネットワークの変化も挙げられている。その原因の一つとして1960（昭和35）年以降の高度経済成長による急激な経済発展で，それにともなって地方から都会へ人口が集中し，核家族化が進み，地域社会のありようが変化してきたといわれる。子育てにおいてもおじいちゃん，おばあちゃんから子どもの育て方を教えてもらうことも少なくなり，また近隣の人との関係性やつながりも弱くなっていることが挙げられている。
　そこで弱くなった関係性やつながりに息吹を吹き込む取り組みがなされている。地域のNPOなどが週に数回，多世代間交流を図るカフェを開き，乳幼児を抱えた親同士や子育ての先輩とお茶を飲みながら相互の交流を，そして児童館などでは，未就園の子ども（幼稚園や保育所等に通っていない子ども）と親の集いを計画し，子どもたちには遊びの場を提供し，親には他の親とふれあう機会を設け，対面しての情報の交換や子育ての悩みなどを語りあうことで交流を図る取り組みをしている。また保育所などでは，保護を要する子どもの保育の他，保育士は親の悩み等に耳を傾け，受け止めることで関係性やつながりを，そしてさまざまな行事をとおして親同士がつながりを実感できるよう支援している。
　一方，インターネットのSNS（ソーシャル・ネットワーキング・サービス）等で，社会との仮想的つながりを求める親もいる。対面交流による親密性を実感して

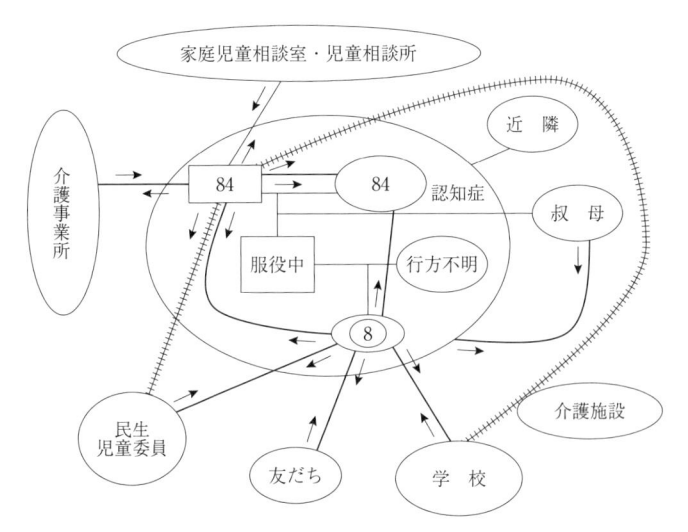

第8章　相談援助の専門家・関係機関との連携

**図8-1　「おじいちゃん，おばあちゃんといっしょにいたい」の
エコマップ・ジェノグラム**
出所：筆者作成。

いる親には，いつでも，どこでも，だれとでも情報交換できることは，生活に潤いをもたらすこともある。しかし対面交流において心を内閉してしまう親にとって，仮想的つながりに専心することは望ましくないこともある。理由は，非対面のため相手の気持ちがわかりにくく，また誹謗中傷などから孤立し，不安になることがあるからである。

それゆえ，対面的な関係性やつながりが弱くなったといわれる今，子どもも親も日常的な対面的交流により親密性をたしかなものにすることが必要であり，またその破綻等から支援の必要な親子には，相談者は関係性やつながりを回復するような手だてをとることが求められる。

その際に得られた情報をどのように活用できるかが大切なポイントとなる場合が多い（情報の活用については第6章を参照）。特に家族の関係や地域との関係についてはジェノグラムやエコマップなどのように図に現わしておくとわかりやすい。図8-1は，第2節に示した事例2をもとに作成した図で，中央部にジェノグラムを，その周囲に家族と地域環境とのさまざまな関係を示すエコマッ

プを配したものである（図の作成方法については第6章を参照）。

　図には，家族関係の構造や，加奈子ちゃんの生活環境についての様子，特に祖父から民生児童委員，学校に向けられたストレス関係のあること等が示されている。

　加奈子ちゃんのことを考えた場合，祖父母の年齢や祖母の状態を考慮したときに心配はあるが，周囲の環境とうまく連携してゆくことができれば祖父と各機関との関係を改善することができ，加奈子ちゃんが祖父母のもとで生活できることを示唆している。こうした点からも地域のさまざまな機関と連携したネットワークを活用したチームアプローチの必要性があるといえる。

第4節　専門家との連携

　保育士等が相談援助の活動を適切に実施するため，他の専門家と連携して共通理解を図ることが大切あることはこれまでに述べたとおりであるが，必要に応じて指導者や関連する専門家から以下に述べるような方法で指導や助言を受ける必要がある。

（1）ケースカンファレンス

　ケースカンファレンスとは，支援事例に対して，①情報の共有を図り，情報にもとづいて支援計画を立てる。②支援途中で支援の妥当性や支援計画の変更を検討する。③支援終了時に，取り組みを振り返り，支援者の専門性の向上を図ることを目的として行われるものである。

事例3

一日が無事終わるとホッとします

　高田保育士（仮名）はC保育所職員になって6年目になります。今年より3歳児クラスの担任をしています。そのクラスに伸子ちゃん（仮名）という子がいます。伸子ちゃんの家族は，お父さん，お母さんをふくめて3人です。伸子ちゃんは，動きが激しく，そして，他の子が伸子ちゃんに意地悪をしたりしないのに他の子を叩いたり，

第8章 相談援助の専門家・関係機関との連携

噛みついたりします。
　3歳児にもなると，他の園児は「今日，伸子ちゃんに叩かれた」などと親に訴えます。それが毎日のようになると，保護者は「先生，毎日のようにうちの子が，伸子ちゃんに叩かれたっていうんです。先生，何とかしてくださいよ。うちの子だけでなく，他のお子さんも同じように叩かれて泣いているっていうじゃないですか。伸子ちゃんのおうちの方はそのことをご存じなんですか」と問い詰めてくるようになりました。
　高田保育士は，以前母親に保育園で伸子ちゃんが落ち着かず，急に他の子を叩いたり，噛みついたりすることがあることを話し，家での伸子ちゃんの様子を聞いたことがあります。そのとき，母親は「うちの子は家ではおとなしく，先生のいうようなことはありません」とすごい形相で怒り出しました。高田保育士は，つね日頃伸子ちゃんの母親は，感情に波のある方で，苦手意識をもっていました。
　ですから保護者からそのようなことをいわれてもどうしていいのか途方に暮れるばかりです。
　たまたま運動会に伸子ちゃんの父親が参加したことがありました。父親は伸子ちゃんの様子をみて，高田保育士に「うちの子，他の子とちょっとちがいますかね」と聞いてきましたので，以前母親に話したことをお話ししました。そして，高田保育士は「お父さんから，今日伸子ちゃんの様子をお母さんにお話ししていただけると助かります」というと，父親は「私がいわなければだめですか」と消極的でした。
　高田保育士は，父親が母親と話しあい，そのうえで一緒に伸子ちゃんへの支援を考えていきたいと思いましたが，それも期待できそうにありません。
　高田保育士は，自分の力不足を補うために大学に進学して専門的な学びをしたいと思い，菅井園長（仮名）に相談しました。園長から理由を聞かれ，今までの伸子ちゃんへの支援が十分にできないことでもっと勉強する必要を痛感していること，そして毎日クラスの子どもがけがをせずに一日が終わるとホッとすることを話しました。
　園長はそれを聞いて，現在困っていることに対してケースカンファレンスを開いて，伸子ちゃんの支援について話しあうよう主任保育士の金子先生（仮名）に伝えてくれました。
　高田保育士は，ケースカンファレンスで伸子ちゃんの日頃の様子を報告し，助言をもらうために，今までの記録を読み返し，伸子ちゃんの問題点と高田保育士の伸子ちゃんや母親への対応をまとめることにしました。
　出所：保育士からの話にもとづいて筆者作成。

　この事例では，高田保育士は受けもつクラスにいる伸子ちゃんが他児を叩く，噛みつくなどの行為を行うために他の園児の保護者から責められたため，伸子ちゃんの母親に園での日頃の様子を伝えると，家ではそのようなことはないと，

暗に高田保育士の対応のまずさをほのめかすような発言がなされた。父親も伸子ちゃんの養育には消極的であることを知り，自分自身の力不足を感じたために園長からのアドバイスを受け，ケースカンファレンスを開催し伸子ちゃんに対する保育活動の内容を検討することとなった。事例に示されたような出来事は保育所などの現場ではときとしてみられることである。こうした場合，高田保育士のように一人で思い悩むのではなく，園全体で今直面している問題を整理し，必要な保育活動を行う必要がある。そのために実施される取り組みがケースカンファレンスといわれる活動である。ケースカンファレンスを行うためには園長もしくは主任保育士などが中心となって伸子ちゃんに関するさまざまな情報をもとに保育計画の立案や保育経過にともなって見直しなどを行い，適切な保育活動を行うための具体的な対応を検討していくための環境をつくる必要がある。

　ケースカンファレンスを行うことは，伸子ちゃんに安定した園生活を提供するとともに高田保育士にも保育士としての成長を促すことにつながっていくことにもなる。

（2）スーパービジョン

　スーパービジョンとは，相談援助技術の向上を目的に，指導者であるスーパーバイザー（supervisor）と指導を受ける援助者であるスーパーバイジー（supervisee）との関係において展開される継続的な訓練・教育方法である。[1]

　その主な機能として3つある。①管理的機能（所属する機関には，目指す理念があり，それを達成するための機能と役割がある。それをふまえて援助活動が適切にできるように支援する）。②教育的機能（専門家としての業務が遂行できるように支援する）。③支持的機能（人を支援する業務は相談者に心理的ストレスをもたらすことが多いので，それを緩和するような支援をする）。これらは，スーパービジョンのなかでそれぞれがからみあってなされるものである。

第8章　相談援助の専門家・関係機関との連携

事例4

僕，ママが戻ってくるまで一人で待ってる

　新任の佐藤児童福祉司（仮名）は，住民から通告のあったアパートに行きました。そこにいた健太君（仮名：小学6年）に話を聞くと，母親は1年ほど前に再婚し，A県に住む義父と暮らしているといいます。週に1回程度，母親は健太君のところにきて，必要なお金をおくとすぐに帰ってしまうといいます。健太君は，「ママは，僕と一緒に生活するといってくれるし，普段は叔母ちゃんがきて，ご飯や洗濯などしてくれるから，僕は一人でも大丈夫。ここにいれば，ママにも会えるし，ここから学校にも行きたい。他のところに行きたくない」といいます。
　健太君の家から車で2時間ほどのところに居住している祖父母に話を聞くと，自分たちは年金生活で，健太君を引きとり一緒に生活するのは大変だが，6人の子どもがいる叔母が，健太君を引き取って一緒に生活してもよい，といっているとのことでした。

出所：筆者作成。

　佐藤児童福祉司は，保護者不在なので健太君を**一時保護**することが適切と思ったが，健太君はママが戻ってくるまで待っているというし，叔母も健太君を預かってもいいといっているので，どうしたらよいか上司に相談した。上司は，健太君の気持ちを尊重することは大切であること（支持的機能），健太君は保護者のもとで保護育成されるべき年齢で，一人での生活は不適切であること，また里親委託の場合，実子をふくめるときは6人までなので，叔母への一時保護の委託も困難であると里親制度の詳細を説明した（教育的機能）。
　そして，一時保護は原則児童・保護者の同意のもとに行うことが望ましいとされていることをふまえて対応してほしい（管理的機能）。健太君は，叔母の援助があるからといっているが，内心不安で，唯一「ママが一緒に生活してくれる」という言葉に寄りすがっている気持ちを受け止めた対応が必要である。具体的には，祖母に健太君の気持ちを話し，当面，健太君のところで生活してもらうよう依頼すること。その了解を得た後に「今日からおばあちゃんが一緒にいてくれるよ。これからの健太君とママとの生活について，ママ，おじいちゃん，おばあちゃん，叔母ちゃんと話しあい，そのことに対して健太君の意見も

聞かせてもらい，健太君にとって一番いいことを一緒に考えていこうね」と話してほしいと助言した（支持的機能）。

（3）コンサルテーション

　コンサルテーションは，支援の対象者がおかれている状況について，異なる専門性をもつ者同士が，それぞれの専門家としての視点から検討し，より良い支援のあり方について話しあう一連の過程で，助言・指導を行う者をコンサルタント，助言・指導を受ける者をコンサルティという。

　1997（平成9）年の児童福祉法の改正において，児童相談所における援助決定の客観性の確保と専門性の向上を図ることを目的に，児童福祉法第27条に**都道府県児童福祉審議会**に意見を聴くことが規定され，施設入所**措置**や措置の解除にあたり児童相談所の措置と児童または保護者の意見が一致しないとき，そして児童相談所長が必要と認めるときに意見を聴くことになった。

　コンサルテーションは，①コンサルタントとコンサルティが異業者の関係であり，立場関係が対等であること，②内容は助言・指導であること，③助言・指導の位置づけは，コンサルティへの側面的支援であること，④助言・指導の焦点は問題解決であること，⑤来談者への責任はコンサルティがとること，とされている。

　以上のことから都道府県児童福祉審議会への意見聴取もコンサルテーションの一つといえる。

事例5

　　　　　　　　　　辰子ちゃんの気持ちは……

　辰子ちゃん（仮名：小学6年）の祖父から，小学校に入学した孫が学校に行っていない旨の相談を受けてから約6年経過しました。祖父からの相談を受けつけたときの話では，母親は結婚を前提に既婚男性との間に辰子ちゃんをもうけましたが，出産後，結婚の約束を破棄され，辰子ちゃんとともに祖父の所有する家で生活を始めました。生活費は祖父がすべて負担し，母子は日中家にこもり，暗くなってから買い物等に行くとのこと。相談を受けつけた市川児童福祉司（仮名）は，いくどとなく家庭訪問し

ていますが，玄関はいつも施錠され，電話をかけても出ません。留守電に用件を入れるとファックスで「相談したいことはありません。困ったことがあれば，自分から電話しますから」という内容の繰り返しで6年間過ぎてしまいました。

　辰子ちゃんの小学6年進級時に，祖父が母に不登校の理由を聞いたところ，「あの子は体力がなく，疲れやすいから一日に15時間は寝かせないとだめなの。夜8時に寝かせても起きるのは11時頃になってしまう。だから学校に行ってない分，つきっきりで教えてあげないと何もできない子になっちゃう」ということでした。

　市川児童福祉司は，当初の祖父からの不登校相談を辰子ちゃん自身の情緒的問題としてとらえていましたが，祖父が母から聞いた内容から，ちがう見方をする必要があるかもしれないと思い，所長に児童福祉審議会の意見を聴くことを提案しました。

出所：著者作成。

　市川児童福祉司は，当初母親が辰子ちゃんの心の葛藤(かっとう)などで学校に行きたくない気持ちを受け止め，登校を無理強いせずに見守っていると考えていたが，小学6年生進級時に祖父が母親から聞いた不登校の理由と出生までの経緯や母子での日中の閉じこもりから単なる不登校ではないと考えるようになった。

　そこで児童福祉審議会に意見を聴いたところ，①母親が辰子ちゃんの出産後に婚約を破棄されことで，母親は自分の存在価値を低めてしまい，②辰子ちゃんに対して，体力がないから15時間寝かせないとだめとか，自分がいないとだめなど，必要以上に心配し面倒をみることで，自分の低い存在価値への埋めあわせをしているものと思われる。③辰子ちゃんも不登校ということで，母親の気持ちに応えているという共依存の可能性がある。④母親の辰子ちゃんへの対応は，教育を受ける権利の侵害とも考えられるので，⑤早急に辰子ちゃんと会い，今の状況や気持ちを把握したうえで最善の利益が図られるような支援が必要である，というものであった。

第5節　関係機関との連携

（1）社会資源の理解・活用

　社会資源とは，問題解決に効果的な人材（保育士や保健師，民生児童委員，近所

表8-1　関係機関の役割

機関名	基本的な役割
児童相談所	困難な事例に対応し，立入調査や一時保護，専門的な判定，福祉施設への入所措置等の機能を活用し，子どもやその保護者に対する専門的な支援を行う。また，市町村への後方支援を行う。
福祉事務所（家庭児童相談室）	生活保護をはじめとして地域住民の福祉を図るための総合的窓口。家庭児童相談室は福祉事務所もしくは児童福祉等を所管している部署に設置され，家庭訪問相談，子育て相談などを行っている。
民生児童委員	地区の福祉に関するさまざまな相談に応じ，状況により，福祉事務所や児童相談所などの各機関につなぐ等の支援活動を行っている。
主任児童委員	子どもの福祉に関することに特化し，民生児童委員と一体となって，親の子育てに関する活動を行っている。
保健所 保健センター （保健師）	保健所は，地域住民の健康の保持および増進のため，広域的・専門的，技術的拠点としての役割をもっている。保健センターは，地区住民に対して，健康相談，保健指導および健康診査等を行っている。
保育所	保護者の就労等により日中保育することができない場合，保護者に代わって就学前児童の保育や保護者に対して保育に関する指導を行っている。
児童館	児童の健全育成を図るために，児童の健全な遊び場を提供し，遊びの指導を行っている。
学童クラブ	保護者が，就労等により日中家庭にいない小学校低学年を対象に，放課後児童を預かり生活等の指導を行っている。
幼稚園教諭	就学前の児童を預かり，子どもの生活指導や遊びなどをとおしての教育を行っている。
警察官	住民の生命・安全の保障をつかさどっている。また，児童相談所に通告のあった児童の安全確認または一時保護を行う際に，児童相談所長より援助要請がなされたときには，援助する。
医療機関	診察の結果，虐待等が疑われる場合は，児童相談所へ通告などをする。

出所：東京都福祉保健局少子社会対策部『子ども家庭支援センターガイドライン』平成17年3月，資料12を筆者一部改変。

の人びと）・施設設備（保育所や児童館）・資金（児童扶養手当や障害基礎年金など）・法制度（児童福祉法や児童虐待防止法など）・情報（子どもを安全に遊ばせる場所や催し物，子育て相談に関する情報など[3]）をいう。

　表8-1は，社会資源のうちの人材，施設設備等の基本的役割を表わしたもので，チームを組む機関が各機関を理解し，有機的に連動して，子どもへの支援がなされる必要がある。

（2）関係機関との開発と連携

関係機関の連携の取り組みとして，市町村が主となって設置している要保護児童対策地域協議会（児童福祉法第25条の2）がある。この協議会は，民生児童委員，児童相談所，保健センターそして警察などの関係機関と連携して要保護児童を支援するもので，三層構造（代表者会議，実務者会議，個別ケース検討会議）で取り組まれていることが多い。今後，地域で子ども支援活動をしているNPO団体やボランティアなどを開発し，この三層構造に巻き込むことで関係機関を拡充すること，そして各関係機関が必要な情報（問題と見なしていること，アセスメント，家族状況など）を共有し，連携して働きかけることの重要さを再認識し，各層の横断的，縦断的つながりを充実させることで，より連携強化を図る必要がある。

― コラム ―

要保護児童対策地域協議会モデル

【代表者会議】
- 地域協議会の構成員の代表者による会議であり，実際の担当者で構成される実務者会議が円滑に運営されるための環境整備を目的として，年に1～2回程度開催されます。
- ネットワークを構成する関係機関の円滑な連携を確保するためには，各関係機関の責任者（管理職）の理解と協力が不可欠であり，実務者レベルにとどまらず，責任者（管理職）レベルでの連携を深めることで，関係機関等の共通認識が醸成されるとともに，実務者レベルでの人事異動があった場合においても，責任者（管理職）の理解があれば，連携の継続性が保たれ，支援の質の低下を最低限に抑えることが可能になります。

【実務者会議】
- 実務者会議は，実際に活動する実務者から構成される会議であり，会議における協議事項としてはたとえば次のようなものが考えられます。
  〔1〕定例的な情報交換や，個別ケース検討会議で課題となった点の更なる検討
  〔2〕要保護児童の実態把握や，支援を行っているケースの総合的な把握
  〔3〕要保護児童対策を推進するための啓発活動
  〔4〕地域協議会の年間活動方針の策定，代表者会議への報告

【個別ケース検討会議】

- 個別の要保護児童について，その子どもに直接かかわりを有している担当者や今後かかわりを有する可能性がある関係機関等の担当者により，その子どもに対する具体的な支援の内容を検討するために適時開催されます。その対象は，当然のことながら虐待を受けた子どもに限られるものではありません。
- 会議における協議事項としては次のようなものが考えられます。
  〔1〕要保護児童の状況の把握や問題点の確認
  〔2〕支援の経過報告およびその評価，新たな情報の共有
  〔3〕援助方針の確立と役割分担の決定およびその認識の共有
  〔4〕ケースの主担当機関とキーパーソン（主たる援助者）の決定
  〔5〕実際の援助，支援方法，支援スケジュール（支援計画）の検討
  〔6〕次回会議（評価および検討）の確認

出所：厚生労働省『市町村児童家庭相談援助指針について』雇児発第0214002号，平成17年2月14日，4～5頁を筆者一部改変。

【用語解説】

通告（児童福祉法第25条）……保護者のない児童又は保護者に監護させることが不適当と思われる児童を発見した者は，市町村，福祉事務所若しくは児童相談所に通告する義務がある。

SNS（ソーシャル・ネットワーキング・サービス）……インターネットを活用して個人間のコミュニケーションを促進し，社会的ネットワークの構築を支援するサービス。

一時保護（児童福祉法第33条）……都道府県知事は，必要があると認めるときは，第27条の施設入所措置とるまで，児童相談所長に児童を一時保護させ，または適当な者に一時保護を委託する。

都道府県児童福祉審議会……児童福祉法第8条に定められている児童・妊産婦および知的障害者の福祉に関する事項を調査・審議する機関。

措　置……狭義の意味では，措置権限をもつ行政機関が，施設サービス（児童福祉施設では，乳児院，児童養護施設，児童自立支援施設など）の利用等を決定する。

後方支援……児童福祉法第11条の都道府県の業務として，市町村の相談業務へ必要があるときは，助言し，支援すること。

第8章　相談援助の専門家・関係機関との連携

【振り返り問題】
1　チームアプローチには有効性と同時に困難さがあります。その両者を整理し，困難さを克服するための手立てを考えてみよう。
2　インターネットを活用してソーシャルネット・ワークを構築するときのメリットとデメリットを整理してみよう。
3　事例4「僕，ママが戻ってくるまで一人で待ってる」の健太君に対して，あなたならどのように対応するか考えてみよう。

〈引用文献〉
(1) 和田光一監修／田中利則・横倉聡編著『保育の今を問う保育相談支援』ミネルヴァ書房，2014年，114頁。
(2) 同上書，148頁。
(3) 小林郁子・小舘静枝・日高洋子『保育者のための相談援助』萌文書林，2013年，7頁。

〈参考文献〉
東京都福祉保健局少子社会対策部『子ども家庭支援センターガイドライン』平成17年3月，資料12。
和田光一監修／田中利則・横倉聡編著『保育の今を問う保育相談支援』ミネルヴァ書房，2014年。

（本山芳男）

第9章
保育士とソーシャルグループワーク

本章のポイント

「ソーシャルグループワーク（集団援助技術，以下省略）」という言葉から，何をイメージするでしょうか。私たちが生活している社会には，さまざまなグループ（集団）が存在しています。私たちは何らかのグループのなかで他者とかかわり，お互いに影響を受けながら日常を過ごしています。そのグループを活かして支援にあたるグループワークは，保育士にとって，日々活用できる重要な技術の一つです。保育所や幼稚園に通っている子どもたちとその保護者だけでなく，その他の児童福祉施設に入所，利用している子どもたちや地域の子育て家庭も対象として，日常の保育，地域子育て支援等，さまざまな場面で用いることができます。ここでは，グループワークの意義と支援の基本について学びます。

第1節　グループワークとは何か

（1）グループワークの意義

　私たちは，何らかのグループに所属し，そのグループにおける相互依存によって生きている。グループ活動は人間にとって基本的なものであり，私たちは生まれたときからグループを通じて社会とかかわり，発達・成長していく。

　社会には，多種多様なグループが存在しているが，子どもが生まれて初めてかかわるグループは，家族という小集団であり，そこから保育所や幼稚園，学校，職場，また地域社会におけるさまざまなグループへとその関係性を広げて

いく。そして，グループ内のメンバーとかかわりながら個人の欲求を満たし，成長していくのである。

それらのグループ内のメンバー間における相互作用の結果生じた力を「グループダイナミクス（集団力動）」という。グループダイナミクスには2つの側面があり，グループと個々のメンバーの調和をはかり，個の存在を尊重するという方向にもはたらくが，その一方で，メンバーに過度の同一性を強いることにより個が埋没してしまうという，思いもよらない方向にもはたらくことがある。グループワークは，このグループダイナミクスを意図的にかつ適切な方向に活用しながら，メンバーやグループ全体が抱える課題を解決していくための援助技術である。

エピソード

グループの不思議な力

みなさんは，こんな経験がないでしょうか。

学校の授業が終わったあとの帰り道，なかよしの友だち7人で「久しぶりに，一緒にご飯を食べに行かない？」という話が出ました。あなたは昨夜少し食べ過ぎてしまったので，「今日は早めに家に帰って，軽く食事をすませたい」と内心では思っています。しかし，他の友人たちをみると，すでに「いいね！」「行こう，行こう」「どこのお店がいい？」という話で盛り上がっています。あなたが「どうしよう……」と悩んでいるうちに，「焼き肉にしよう！」と決まりました。みんなから「一緒に行くよね？」と聞かれたあなたは結局「今日は帰るね」といい出せず，食事に行くことになりました。しかし，食事のあと「やっぱり今日はやめておけばよかった……どうしていえなかったのかな」と後悔したのです。

出所：筆者作成。

このように，日常生活においても，自分は「こうしたい（したくない）」と思っていても，まわりの意見や行動が気になり，大勢の意見の方に動かされてしまうことがままある。自分が「こうしたい」という正しい選択をしたくても，グループの力によってその選択ができず，結果として人間関係においてストレスを生じさせてしまうことがある。しかしその反面，一人ではできないと思っていたことが，所属しているグループやまわりのメンバーの力によって達成さ

れることもある。

　また，グループワークの定義については，1949（昭和24）年にAAGW（米国グループワーカー協会：American Association of Group Workers）が「グループワークの機能に関する定義」を採択している。また，1963（昭和38）年には，コノプカ（Konopka, G.）により，「ソーシャル・グループ・ワークとは，ソーシャル・ワークのひとつの方法であり，意図的なグループ経験を通じて，個人の社会的に機能する力を高め，また個人，集団，地域社会の諸問題に，より効果的に対処し得るよう，人びとを援助するものである」と定義されている。

　つまり，グループワークは，援助者が意図的な経験（活動）を提供することにより，グループ内のメンバー個人の力を引き出し，課題の解決に結びつけていくものであるといえるだろう。

考えてみよう１

　自分が生まれてから現在まで，そして将来を考えたとき，自分が所属するグループやまわりにあるグループを挙げてみましょう。例：家族，友人（仲間），学校，職場など。

　グループの内容や数は変化しているでしょうか。また，その他どのようなことに気づくでしょうか。他の人ともくらべてみましょう。

過　去	現　在	未　来

出所：筆者作成。

第❾章　保育士とソーシャルグループワーク

表9-1　グループワークの構成要素

構成要素	具体的内容
グループワーカー	〔支援者としてのグループワーカー〕 グループのメンバーに共感しつつも、その状況や課題を客観的にとらえ、支援する存在 グループ活動をすすめていくうえで、目標設定、計画づくり、情報提供等の支援を行う
グループとグループメンバー	〔グループワークの対象〕 個々のグループと、グループを構成する一人ひとりのメンバー 共通の目標に向かって活動することによって、メンバー間の相互作用が発生する
プログラム活動	〔グループとそのメンバーによって取り組まれる活動〕 個々のメンバーとグループが抱えている課題に応じて設定される（目標を達成するための手段として用いられる） 例）レクリエーション型（スポーツ、ゲーム、遊び、行事など） 　　ディスカッション型（自由討論、意見交流会、パネル・ディスカッションなど）
社会資源	〔グループのまわりに存在する社会資源〕 グループやメンバーの状況により、必要に応じて活用される 例）活動拠点としての施設の活用や、助言者として専門職を招くなど

出所：筆者作成。

（2）グループワークの機能と構成要素

　グループワークは、相談援助と同様に直接援助技術の一つとしてとらえることができる。それは、「グループによる単なる活動や作業ではなく、グループワーカー（援助者）という対人援助の専門職によって活用される援助技術の体系」であるといえる。グループワークの独自性は、グループ内の個々のメンバーと向きあいながら、グループの力を活用して問題解決を図る点にある。そこでは、メンバー同士の相互作用、支援者であるグループワーカーと各メンバーとの相互作用が生じる。そして、集団の力であるグループダイナミクスを活用しながら問題解決（個々の問題、グループの問題）へ導くことが求められる。複数のグループのメンバーが、自分自身を表現しながら、相互作用が展開され、個人の成長や変化に活かされること、メンバーの成長とグループそのものの成長を目指すことになり、そこには、「支援者と利用者という関係」とともに

「利用者と利用者という関係」が生じるのである。

そして，グループワークを成り立たせるもの，その構成要素として，①グループワーカー，②グループとグループメンバー，③プログラム活動，④社会資源が挙げられる（表9-1）。

なお，本章では，グループワーカー＝保育者（支援者），グループメンバー＝子どもや保護者であるということをふまえておきたい。

第2節　保育所内におけるグループワークの有効性と活用

（1）グループワークの有効性

保育所内においては，グループワークは身近に活用できる援助技術としてとらえることができる。なぜならば，保育所における集団生活自体が子ども（乳幼児）にとってのグループ体験（経験）であり，目標をもって生活すること，さまざまな活動（プログラム活動）を体験すること，家族グループや近所の友だちグループとはまたちがう「仲間グループ」への所属を経験すること，そのなかで相互作用が生じることが，乳幼児期の子どもの社会化を促し，成長と発達に大きな影響を与えるからである。保育所内で形成される「仲間グループ」においては，遊びだけではなく，そのメンバー同士のかかわりあいをとおして，何かを一緒に協力して成し遂げること，生活場面における自立心を養うことなど，さまざまな体験が得られる。

┌─ コラム ─

ソシオグラム──人間関係を視覚化する

グループのメンバー間の関係，相互作用を図形化して集団の人間関係図を示したものを「ソシオグラム」といいます。モレノ（Moreno, J. L.）が考案したソシオメトリーという手法により，集団間の人間関係を「選択（親和）」と「拒否（排斥）」を軸に分析します。ソシオグラムを用いることによって，メンバー間の影響やグループダイナミクス，援助者の支援やかかわり等を視覚化してとらえることができます。

○人は円で示し，名前や番号を入れます
○親和のかかわり，支援や働きかけがある場合は実線の矢印で結びます
○拒否や反発・葛藤・トラブルがある場合は，点線の矢印で結びます

例）保育所における子どもグループのソシオグラム

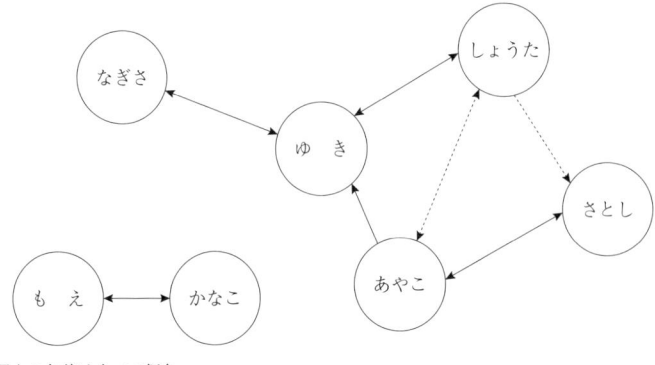

注：図中の名前はすべて仮名。
出所：筆者作成。

　また，グループワークは，子どもたちに対してだけではなく，保護者支援にも効果的に活用することができる。「子育てをしている」という共通項をもっている保護者にとって，同じ悩みを抱えている保護者との交流は，その悩みを軽減・解消していくうえで非常に有効な手段となる。保育士はグループワーカーとして，グループと個々の保護者に働きかけ，子育て上の悩みなどの問題解決を目指す。個々のメンバーの問題の解決によって，グループ全体の成長がはかられるといえよう。

（2）グループワークの活用

　先述したように，保育所内においてグループワークが活用される場面としては，乳幼児に対しては，さまざまなプログラム活動（遊びやしつけ）が考えられる。保育所における子どもの活動は，生活場面から遊びの場面まで幅広いが，場面ごとに活用することができる。自分一人ではできなかったことが，他の子どもたちのがんばる姿やたのしむ姿をみてできるようになったり，グループの

仲間と協力することによって，達成感やよろこびを味わうことができる。それは，子ども自身の力を養い，個々の人格形成にもつながるだろう。
　一方で，その子どもたちが所属する家族に目を向けてみると，核家族化，家族の小規模化，家族内の人間関係の変化など，今日では家族そのものが変容している。悩みを相談する相手もなく，地域で孤立した子育てをせざるを得ない現状も少なくない。そのような保護者に対しては，親子レクリエーションや保育参観などの機会を提供することで，子ども同士あるいは子どもと保育者が遊ぶ姿やたのしむ姿をみて保護者に子育てのよろこびを実感してもらうことや，他の保護者とつながり，よろこびだけでなく悩みや不安を共有，軽減することも可能である。また，子育ての当事者である保護者が抱える共通の課題の解決をはかる子育てサークルの形成も，子どもが保育所を卒園した後でも親子同士のつながりを継続できる活動として有効である。

考えてみよう2

　保育所で実際に活用できるプログラム活動（日常の保育場面におけるもの，保護者を対象とするものなどを具体的に）をできるだけ多く挙げてみましょう。

出所：筆者作成。

第3節　グループワークの原則

　グループワークの原則とは，支援者とメンバー一人ひとりの間で考えられる原則と支援者とグループ全体の間で考えられる原則がある。支援者と個々のメンバーとの間における原則は，保育者が利用者と信頼関係を築くうえで不可欠な対人援助の姿勢・技術である。それは，「バイステックの7原則（ケースワークの原則：第4章参照）」と共通する部分も多い。代表的なグループワークの原則としては，トレッカー（Trecker, H. B.）やコノプカ（Konopka, G.）らによるものが挙げられるが，ここではそのなかから以下の項目を紹介しておく。

（1）個別化

　グループワークにおいては，グループの個別化とメンバーの個別化が必要となる。支援者は，グループに対して独自の性質をもつ個々のグループであることを理解すると同時に，問題や課題を抱えているメンバーを個人としてとらえ尊重するということが求められる。個々のメンバーには，子どもでも保護者でも同様に「一人の個人として接してもらいたい（特定の個人として扱われたい）」という思いがある。同じような課題を抱えて集まったグループではあっても，そのグループを構成するメンバー一人ひとりはそれぞれ異なった存在であり，特徴やニーズをもっていること，その状況にあわせた支援があるということを忘れてはならない。

（2）受容・共感

　メンバーには，「人として尊ばれたい，価値ある人間として受け入れられたい，認めてほしい」という思いがある。メンバーが「自分は支援者に受け入れられている」という実感をもつためには，支援者が自分自身の価値観にもとづいて一方的に否定や肯定をするのではなく，個々のメンバーのあるがままの状況（態度や行動，考え方・価値観等）をそのまま認め，受け入れること，共感することが求められる。

（3）参　加

　グループ活動は，一人ひとりのメンバーが参加することによって成り立つことはいうまでもない。ただし，グループの人数が多くなればなるほど，個々のメンバーの能力には個人差が生じてくる。参加するということそのものについて「無理強いされた」と感じたり，グループ活動のなかで「参加しなければよかった」と感じることがないよう，メンバーの参加の意志・意欲，参加能力等を把握して，個々の状況にあわせて参加できるよう促すことが重要である。

(4) 体　験

人間はみな，経験しながらものごとを学んでいく。子どもの体験と発達も同様だが，「考える→試してみる→失敗する，あるいは成功する」という体験の繰り返しによって人間は成長・発達していく。グループワークにおいても，グループ活動におけるさまざまな体験をとおして，「がんばったことが結果として現われる」「仲間がいるからがんばることができた」「自分は決して孤独な存在ではない」「自分はだれかの役に立つことができる」等の自己を肯定する感情が生じ，育まれる。

(5) 制　限

私たちは，人間関係のなかで意識的・無意識的に，自分あるいはお互いを傷つけあってしまうことがある。特に個々の課題を抱えたメンバーが集まっているグループであるからこそ，そうならないために何らかの「制限」を設ける必要があり，「このことによって，メンバーを保護し，メンバーの自我を強化し，その成長を助けることができる」[4]。支援者はメンバー相互の人間関係につねに配慮しなければならない一方で，援助者として当然してはならない行為，発してはならない言葉もあり，援助者は自分自身の倫理観・人間観・援助の姿勢をつねに見直しながら「制限」を用いなければならない。

(6) 継続評価

グループワークは，「継続的な活動であること」に意味がある。活動ごとに記録を取り，反省等の評価をふまえ，次回の活動に結びつけることが重要である。評価のポイントとしては，個々のメンバーの参加の姿勢や状況，メンバーやグループそのものがどのように変化・成長したのか，プログラム活動の進捗状況やその効果，支援者の支援内容等が挙げられる。

(7) 支援者の自己活用

グループワークにおいては，支援者自身もひとつの社会資源であること，対

人援助の専門職であることを意識し，つねに自分自身の価値観・倫理観・人間観とともに支援のあり方を見直さなければならない。支援のプロセスを振り返って質の向上へと結びつけていくこと，自己研鑽の姿勢を忘れずに，自身の支援者としての資質向上に向きあうことが求められる。

第4節　グループワークの展開過程

　以上のような構成要素や原則をふまえ，グループワークを展開していくにあたっては，次の4つの過程を理解しておく必要がある。

（1）準備期

　グループワークを始める前の準備段階である。支援者が，グループが抱える課題やニーズを明らかにし，どのようなグループにしていくのかグループ形成の準備を行う。さらに，グループワークにおけるプログラム活動の計画や，個々のメンバーの選定について検討していく。初めて顔をあわせるメンバーもいることをふまえ，個々のメンバーについての情報を収集し，理解を深めていくという「波長あわせ」を行う段階である。

（2）開始期

　支援者であるグループワーカーと個々のグループメンバーが初めて顔をあわせ，グループワークが開始される段階である。個々のメンバーとの援助関係つまり信頼関係の樹立が，今後のグループワークを円滑に進めていくための重要なポイントとなる。支援者は，「メンバーには平等に，かつ対等に接することを忘れてはならない」[5]。ここでは，メンバーによるプログラム活動について具体的な計画を立案し，共通の目標をもったグループとして形成させるまでの支援を行う。個々のメンバーがその後の活動に意欲的に参加できるよう，メンバーの理解に努め，メンバー同士の相互作用が活性化されるよう促すことも求められる。

表9-2 グループワークの展開過程と支援者の役割

準備期	波長あわせ,ニーズと目標の明確化,合意,対象の把握
↓	ケースワークとグループワークの調和,グループ計画,場面設定
	予備的接触,(記録様式の設定,出席者確認)
開始期	援助関係(信頼関係)の樹立,契約,個々のメンバーの理解
↓	プログラム計画,グループ形成への支援,評価と記録
作業期	個々のメンバーへの支援,グループ発達への支援
↓	グループ作業(プログラム活動)への支援,評価と記録
終結期	終結移行期。終結への準備,感情の分かちあい(+個々のメンバーの感情を受容),終結の評価,移行への援助,記録(まとめ)

出所:桐野由美子編著『保育者のための社会福祉援助技術』樹村房,2006年,79頁を参照して筆者作成。

(3) 作業期

グループワークが,それぞれのグループの目標に応じて,具体的な活動を進めていく段階である。支援者は,個々のメンバーが主体的・意欲的に参加できているかどうかをつねに視野に入れてかかわるとともに,グループ全体が活性化するようグループ発達への支援も同時に行う。また,プログラム活動が計画通り進められているかどうかつねに確認し,課題が生じた場合は,計画の見直しも必要となる。この作業期においては,活動が活発になる反面,先述した「グループダイナミクス」が圧力となって生じることもある。支援者は,この力がプログラム活動を進めていくうえで障壁とならないよう,十分留意しなければならない。

(4) 終結期

グループがその役割を終え,活動が終了を迎える段階である。終結にあたっては,個々のメンバーの感情を受容し,活動全体を振り返り評価を行う必要がある。ただし,支援者がかかわる期間が終了しても,グループの活動自体がそのまま継続するケースも少なくない。終結とは「活動の終わり」を意味するのではなく,グループとメンバーが個々の力を主体的に用いながら自分たちの活動へと移行する段階(終結移行期)でもある。

第5節　グループワークの実際

ここでは,「保育所」,「児童館」,「児童養護施設」というそれぞれちがった役割をもつ施設における3つの場面を事例として紹介する。事例ごとにどのようにグループワークが活用されているのか，考えてみよう。

（1）事例①　保育所におけるグループワーク

ひかり保育所（仮称）のひまわり組（2歳児クラス）に通っているまりこちゃん（仮名）は，現在トイレトレーニング中である。母親は「なかなかオムツが外れなくて……家では，失敗するとつい叱ってしまうんですよ……」と悩んでいる様子である。

クラスには他にもトイレトレーニング中の子どもたちがおり，担任のゆみこ先生（仮名）は，子どもたちがたのしく自分からトイレトレーニングに取り組めるような活動を検討した。

まず，トイレに行く前に歌と手遊びを取り入れ，おまるに座って歌うなど「トイレはこわくないよ，たのしいよ」という雰囲気をつくった。子どもたちはたのしそうに参加しており，まりこちゃんも笑顔でおまるに座ることができるようになっていった。そのような活動を始めて1～2週間が過ぎた頃，まりこちゃんの母親から「昨日，まりこが自分から『トイレに行く！』といったんですよ！　連れて行ったら，初めてトイレで成功したんです！」とのうれしい報告があった。

（2）事例②　児童館におけるグループワーク

A市中央児童館では，乳幼児とその保護者，学童を対象として，さまざまな地域子育て支援活動を行っている。ある日，乳幼児を対象とした子育て広場に参加していた保護者あけみさん（仮名）から，保育士まゆこさん（仮名）に相談があった。

「うちの子には食物アレルギーがあるんですけれど，同じような悩みを抱えた親って多いと思うんです。自分たちで情報交換できるようなグループをつくりたいんですが……」。

そこでまゆこさんは，児童館の他のスタッフとも相談しながら，食物アレルギーの子どもをもつ親の会のグループ形成に向けて支援を開始することになった。

まずは，児童館での呼びかけ，ホームページ等でのPR活動から始まり，参加メンバーを募集したところ，A市内から10組程度の親子から参加希望があった。その後，あけみさんもふくめての顔あわせを経て，グループ活動がスタートした。

初めは初対面のメンバー同士，緊張している様子であったが，まゆこさんの声かけや，あけみさんが自分の悩みなどを話し始めることによって，少しずつ雰囲気も和やかになり，意見も出るようになっていった。

現在，会では，定期的に月1〜2回，親子で児童館に集まり，情報交換やアレルギー対応食のレシピづくりなどを行っている。親が話をしている間は，常設の子育てひろばで保育者が子どもたちをみていてくれる。まゆこさんは，あけみさんたちの話を聴きながら，必要に応じて助言をしつつ，活動を見守っている。あけみさんはグループのリーダーとして活躍する一方で，最近では活動を広めていくために市内各地の児童館や幼稚園，保育所にも出かけて話をしているようである。

（3）事例③　児童養護施設におけるグループワーク

児童養護施設さゆり園（仮称）では，現在クリスマス会の準備が進められている。子どもたちはそれぞれグループに分かれ，発表する出し物の準備や飾りつけに取り組んでいるが，1週間前に入所してきたばかりのかずや君（仮名：小学1年生）は，練習に参加しようとしない。かずや君のグループが発表するものはクリスマスにちなんだ歌と楽器演奏で，かずや君は太鼓を担当することになっている。

第❾章　保育士とソーシャルグループワーク

　練習が始まった頃，かずや君は自分の部屋に閉じこもってしまった。担当保育士のけいた先生（仮名）が，かずや君と話をしたところ，「まわりの子どもたちが自分を受け入れてくれないのではないか」「楽器なんてうまくできない」という不安の言葉が聞かれた。
　そこで，けいた先生は，かずや君のグループの子どもたちと話しあい，どうすればかずや君がたのしく練習に参加できるようになるのか一緒に考えることにした。
　話しあいが始まり，かずや君のグループの最年長，じゅん君（仮名：中学2年生）が「ぼくも園にきたばかりの頃はわからないことばかりでいつも不安だった。そんなとき，前からいた子たちに声をかけてもらったり，一緒に遊んだりして少しずつなれた気がする……」と発言し，みんなで生活のなかからかずや君となかよくなること，そこからじょじょに練習に誘ってみようということになった。次の日から，子どもたちがかずや君に声をかけたり，遊びに誘ったりということをとおして，かずや君も笑顔でいることが増えてきた。そして，おそるおそるではあるが，練習に参加し太鼓をたたく様子もみられるようになっていった。

【用語解説】
社会資源……社会的ニーズを充足するさまざまな物資や人材の総称。相談援助においては，子どもや保護者，子育て家庭を支えるために活用される施設，備品，サービス，資金，制度，情報，知識・技能，人材などがある。
ソシオメトリー……モレノによって体系化されたグループの構造を測定・分析する方法。モレノは，「集団間の相互作用は，人びとが相手に対して抱く感情にもとづいており，この自発的感情による人びととの結びつきが個人の集団内活動と集団発展の基礎となる」とした。グループダイナミクスとグループワークの理論化にも影響を与えた。
児童館……児童福祉法第40条に規定された児童厚生施設。子どもの健全育成をはかるため，さまざまな遊びや文化，スポーツ等の活動を提供している。対

象は0歳から18歳未満の児童と幅広い。専門職員として「児童厚生員」が配置されている。現在では子育て支援活動や，地域の子どもたちの居場所づくりに取り組み，その役割が注目されている。

【振り返り問題】
1　事例①　保育所において，地域の子育て家庭に対して活用できるプログラム活動を考えてみよう。
2　事例②　当事者グループをつくり，活動が発展していくまでの援助過程（プロセス）を考えてみよう。
3　事例③　けいた先生は，かずや君にどのような言葉をかけたのだろうか。また，子どもたちと話しあい，援助を進めていく際にはどのような点に留意したのだろうか。

〈引用文献〉
(1)　コノプカ，G.／前田ケイ訳『ソーシャル・グループ・ワーク――援助の過程』全国社会福祉協議会，1967年，27頁。
(2)　桐野由美子編著『保育者のための社会福祉援助技術』樹村房，2006年，67頁。
(3)　中島義明・繁桝算男・箱田裕司編『新・心理学の基礎知識』有斐閣，2005年，347～348頁。
(4)　保田井進・硯川眞旬・黒木保博編著『福祉グループワークの理論と実際』ミネルヴァ書房，2005年，43頁。
(5)　同上書，54頁。

〈参考文献〉
大利一雄『グループワーク――理論とその導き方』勁草書房，2003年。
柏女霊峰・伊藤嘉余子編著『社会福祉援助技術――保育者としての家族支援』樹村房，2009年。
北川清一『グループワークの基礎理論――実践への思索』海声社，1991年。
桐野由美子編著『保育者のための社会福祉援助技術』樹村房，2006年。
重田信一編著『社会福祉の方法――ソーシャルワークを体系的に概説』川島書店，1971年。
杉本敏夫・豊田志保編著『相談援助論』保育出版社，2011年。
トレッカー，H. B.／永井三郎訳『ソーシャル・グループ・ワーク――原理と実際（全面改稿・最新資料増補）』日本YMCA同盟出版部，1978年。
保田井進・硯川眞旬・黒木保博編著『福祉グループワークの理論と実際』ミネルヴァ書房，2005年。

（飯塚美穂子）

おわりに

　日本の政治や経済は世界水準の自由競争のなかで喘(あえ)いでいる。そのなかで，少子高齢化や核家族化の進行や離婚家庭，あるいは貧困家庭の増加などの問題が一層地域社会で浮き彫りにされる事態を招いている。これらを背景として，家庭や子どもがおかれている状況は悪化を辿るばかりである。

　家庭や子どもを護り育てるのは一面的にみれば各家庭の責任領域に入ると一般的には思いがちであるが，実はこれらの問題は法的には国家や地方自治体の役割に期待することが大きい。なぜならば，資本主義社会のもっとも課題とすることは，社会的弱者の問題を整理し，いかに万民がしあわせになれる国家や社会をつくることができるかである。したがって，家庭や子どもが置かれている負の状況や課題の解消は官民一体となって取り組む必要がある。

　特に，少子化の時代のなかでの児童虐待や放任，養育拒否などの問題は見て見ぬふりをすることは許されることではない。あるいは，子育て環境の重要さや養育の方法を獲得できていない親が数多く散見されることなどから，子育て支援やさまざまな家庭や子どもに対する相談援助は必要不可欠である。

　子どもは日本の宝物である。そのかけがえない児童がさまざまな事情から心身や生命の危機に瀕している事態があることは見過ごすことはできない。これらの視点から考えると，保育士の役割は重要なものとなる。相談援助の対象となるのは保育所に通園している子どもや家庭，あるいは通所施設や入所施設（以下，施設と記す）で生活している子どもや家庭，あるいはどこの保育や養育機関にも所属しないで家庭や親戚・知人が養育している子どもたちが対象となる。

　しかし，保育士がかかわれる子どもや家庭の数や相談内容には限界がある。特に，人口の多い都市部に開設されている保育所や施設の保育士にかかる精神的・肉体的負担は相当なものである。保育士のなかには，腰痛や膀胱炎，声帯ポリープなどの，ある意味，職業病で苦しむ者も多い。くわえて，相談援助の

知識や技法を身につけている保育士は実習で体験しない，あるいは保育所が社会福祉士の実習施設として認められていないことから有資格者が少ないなどの理由により，相談援助を担当できる職員が限られる状況がある。そのため，決して保育士が相談援助を担当することが可能であるという状況にはない。したがって，保育相談支援や相談援助を期待されることは労働強化につながる印象はぬぐえない。

　近年，保育ソーシャルワーカーという福祉用語が一人歩きしている。保育所や施設で保育や養育業務で精一杯の保育士に研修が受けられる状況や国家資格を取得できる環境にないなかで，保育相談支援や相談援助活動を期待することは，たとえ，行政府の意向であっても保育士にとっては無理な話なのではないかと推察される。「絵に描いた餅」になるのが目にみえている。やはり，保育ソーシャルワーカーが現代社会に必要であるという認識に立つならば，保育士の給与や労働時間，保育士の配置数などの待遇や研究制度の充実，精神保健福祉士や社会福祉士等の国家資格の受験資格の内容を別途考える必要性があると考える。

　保育士は子どもにとってはあこがれの存在である。保護者にとっては彼らの代替を担う必要不可欠な人材である。しかし神さまや仏さまではない。彼らは生身の人間であり，家庭や社会で大人としての，あるいは家庭人としての役割が期待されている人間である。それゆえ，保育士が疲れ果て，燃え尽きて，保育現場からやむなく去ることだけは回避しなければならない。彼らは，少子化社会では重要な役割を果たす専門職なのである。

　これらの視点から考えると，保育相談支援や相談援助の業務を保育士に期待するならするなりの問題の改善や新しい育成システムの創出が欠かせないのではないかと思えてならない。このことを行政府や保育所養成関係者，保育所経営者に再検討することを望んでやまない。

2015年1月

編著者一同

索　引

あ　行

アート　44
アウトリーチ　79
赤ちゃん返り　84
アセスメント（事前評価）　82, 85-87, 89, 93, 95, 104, 106, 111
　　——・シート　104, 110
アドボケーター　27
アプローチ　126
一時保護　147
一時保護所　98
伊藤博　49
意図的な感情表出の原則　74
医療ソーシャルワーカー　33
インターベンション　87, 89-95
インテーク（受理）　79-82, 84, 85, 104
インフォームド・コンセント　88
エコマップ　83, 111-113, 143
SNS（ソーシャル・ネットワーキング・サービス）　142
エバリュエーション　95, 96
　　——・シート　106
エリクセン, K.　48
延長保育等促進基盤整備事業　2
エンパワメント　26, 27, 49, 134
　　——・モデル　91, 134, 135

か　行

介護事業所　141
介護福祉士　33
介護福祉士養成　i
改訂保育所保育指針　138
介入　90
カウンセリング　45
学童クラブ　150
家庭支援推進保育事業　2
家庭児童相談室　140, 141, 150
家庭訪問型子育て支援　23
感情の反射　37
感情の明確化　37
間接援助技術　28
カンファレンス　89, 142
　　——記録　106
管理的機能　146, 147
ギッターマン, A.　122
基本的人権　31
虐待　23
虐待不安　3
逆転移　91
教育的機能　146, 147
共同監護　6
共同親権　6
苦情解決制度　107
クライエント　ii, 37
グループダイナミクス（集団力動）　155
グループワーク　154
クロージング・シート　106
ケア・マネジメント　104
警察　151
警察官　150
契約によるサービス　19
ケースカンファレンス　102, 106, 144-146
ケース記録　102, 104, 110
ケース・マネジメント　104
後方支援　150
国際生活機能分類（ICF）　122
個人情報保護法　117
子育て放棄　23
子どもの最善の利益　31
コノプカ, G.　160
個別援助技術　75
個別化の原則　74
個別ケース検討会議　152

171

コミュニケーション　39-41, 44
コミュニティソーシャルワーカー　33
コミュニティソーシャルワーク　24
コンサルタント　148
コンサルティ　148
コンサルテーション　43, 148
コントロール　59, 60

さ　行

サリービイ, D.　132
ジェノグラム　83, 111, 112, 143
支援計画　87-89
支援目標　87
自己開示　91
自己覚知　91
自己決定　67, 68
　——の原則　75
事後評価　106
自己理解　48, 64
支持的機能　146-148
実務者会議　151
児童家庭相談室　97
児童館　127, 128, 142, 150, 166
児童虐待　141
児童虐待事例検証委員会　140
児童相談所　11, 83, 97, 98, 139, 141, 148, 150, 151
児童の権利に関する宣言　24
児童福祉施設　154
児童福祉審議会　149
児童養護施設　21, 98, 129-131
ジャーメイン, C.B.　122
社会関係地図　111
社会資源　23, 68, 112, 149
社会集団　14
社会正義　31
社会福祉士　i, 1, 33, 34
社会福祉施設　19
終結　96
集団援助技術　154
集団支援　30
主訴　73

主任児童委員　150
守秘義務　69
受容　61
受容の原則　74
準拠集団(関係集団)　14
自律神経失調症　3
事例検討会　106
親権　6
人的資源　23
信頼関係(ラポール)　20, 80, 82
心理社会的アプローチ　91, 126
心理療法　50
スーパーバイザー　146
スーパーバイジー　146
スーパービジョン　47, 103, 146
スキル　44
スクールソーシャルワーカー　33
ストレス　85
ストレングス　26, 132
　——・モデル　91, 132
生活安全課　11, 14
生活保護制度　i, 11
制御された情緒関与の原則　75
精神神経科　11
精神保健福祉　i
精神保健福祉士　1, 33, 34
生態学　122
生態地図　111
世界保健機関　122
「全国家庭児童調査結果」　35
相談援助　i, 11, 22, 24
相談援助技術　30
ソーシャル・アクション　28
ソーシャルウェルフェア・アドミニストレーション　28
ソーシャルグループワーク　28, 30
ソーシャルケースワーク　28, 30
ソーシャルコミュニティワーク　28, 30
ソーシャルネットワーク　142
ソーシャルワーク　30
ソーシャルワーク・リサーチ　28-30
ソシオグラム　158, 159

索引

ソシオメトリー　158
措置　152
措置制度　19
ソロモン，B.B.　134

　　　　　　た行

ターミネーション　95, 96
代表者会議　151
代弁者　27
地域子育て支援拠点　23
地域支援　30
地域福祉計画　30
チームアプローチ　102, 140-144
チェックリスト　106, 110
仲介者　27
調整機能　27
直接援助技術　28
沈黙　38
通告　140
テクニック　44
転移　91
展開過程　77
都道府県児童福祉審議会　148
ドメスティック・バイオレンス　5
トラウマ　45
トレッカー，H.B.　160

　　　　　　な行

内的資源　23
ニーズ　32
　顕在――　32
　潜在――　32
乳児院　21
乳児家庭全戸訪問事業　23
人間の福利　27
ネグレクト　130, 131, 141
ネットワーク　88
ノンバーバルコミュニケーション　40

　　　　　　は行

バーバルコミュニケーション　40
パールマン，H.H.　75, 128, 129

バイステック，F.P.　41-43, 47, 53, 61, 68, 74
　――の7原則　51, 74, 90, 160
波長あわせ　80
パワーレスネス　135
非審判的態度の原則　75
一人親　11
　――家庭　7
秘密保持の原則　75
ヒヤリ・ハット事例　107
ヒヤリ・ハット報告書　107
貧困家庭　4
ファミリーサポートセンター　23
ファミリーマップ　110-112
フェイス・シート　104, 110
福祉施設　21
福祉事務所　11, 83, 150
物的資源　23
プランニング　85, 87-89, 92, 93, 95, 106, 111
　――・シート（プランシート）　106, 108
プロセス・シート　106, 110
保育カンファレンス　94, 95
保育士養成課程　i, 22
保育所・保育士　11
保育所保育指針　18, 121
保育相談支援　i, 11, 22
法テラス　11
ホームスタート　23
保健師　150
保健所　11, 150
保健センター　139, 150, 151
保護責任者　31
母子家庭　7
ホリス，F.　126

　　　　　　ま行

マイノリティ　27
マクロ　30
マッピング技法　110-112
マネジメント　42
ミクロ　30
三好春樹　49
民生児童委員　141, 144, 150, 151

173

メゾ　30
モデル　126
　環境——　91, 121, 122, 124
　社会——　122
　生活——　91, 121-123
　治療——　91, 121-123
モニタリング　89, 92-95, 111
　——・シート　106, 110
モレノ，J.L.　158
モンスターペアレント　13
問題解決アプローチ　91

や　行

要保護児童対策地域協議会　151
4つのP　77, 129, 131

ら・わ行

離婚率　6
リスクマネジメント　107
リッチモンド，M.　121
ワーカビリティ　129

■執筆者一覧（＊は編著者，執筆順）

＊田中利則	編著者紹介参照	はじめに，第1章，おわりに
浅川茂実	武蔵野短期大学幼児教育学科准教授	第2章
＊大塚良一	編著者紹介参照	第3章
野島正剛	武蔵野大学教育学部教授	第4章
＊小野澤　昇	編著者紹介参照	第5章（大屋と共著）
大屋陽祐	育英短期大学保育学科准教授	第5章（小野澤と共著）
八木玲子	元・東京成徳短期大学幼児教育科准教授	第6章
瓜巣由紀子	社会福祉法人相思会理事長	第7章
本山芳男	千葉県教育委員会スクールカウンセラー	第8章
飯塚美穂子	洗足こども短期大学幼児教育保育学科准教授	第9章

〈編著者紹介〉

田中利則（たなか・としのり）
　1953年　生まれ
　　　　　社会福祉法人富士聖ヨハネ学園棟長，武蔵野短期大学幼児教育学科准教授を経て，
　現　在　フジ虎ノ門こどもセンターソーシャルワーカー，社会福祉士，介護支援専門員。
　主　著　『養護原理』（共編著，大学図書出版），『養護内容』（共編著，大学図書出版），『子育て支援』（共編著，大学図書出版），『養護内容の基礎と実際』（共編著，文化書房博文社），『子どもの生活を支える社会的養護』（編著，ミネルヴァ書房），『子どもの生活を支える社会的養護内容』（編著，ミネルヴァ書房），『子どもの生活を支える家庭支援論』（編著，ミネルヴァ書房），『保育の今を問う児童家庭福祉』（編著，ミネルヴァ書房），『保育の今を問う保育相談支援』（編著，ミネルヴァ書房），『保育の基礎を学ぶ福祉施設実習』（編著，ミネルヴァ書房），『子どもの生活を支える社会福祉』（編著，ミネルヴァ書房）。

小野澤昇（おのざわ・のぼる）
　1949年　生まれ
　　　　　社会福祉法人はるな郷知的障害者更生施設こがね荘施設長，関東短期大学初等教育科助教授，東京成徳短期大学幼児教育科教授を経て，
　現　在　育英大学教育学部教授，臨床心理士，福祉心理士。
　主　著　『保育士のための社会福祉』（編著，大学図書出版），『子どもの養護』（共著，建帛社），『新しい時代の社会福祉施設論（改訂版）』（共著，ミネルヴァ書房），『子どもの生活を支える社会的養護』（編著，ミネルヴァ書房），『子どもの生活を支える社会的養護内容』（編著，ミネルヴァ書房），『子どもの生活を支える家庭支援論』（編著，ミネルヴァ書房），『保育の今を問う児童家庭福祉』（共著，ミネルヴァ書房），『保育の今を問う保育相談支援』（共著，ミネルヴァ書房），『保育の基礎を学ぶ福祉施設実習』（編著，ミネルヴァ書房），『子どもの生活を支える社会福祉』（編著，ミネルヴァ書房）。

大塚良一（おおつか・りょういち）
　1955年　生まれ
　　　　　埼玉県社会福祉事業団寮長，武蔵野短期大学幼児教育科准教授を経て，
　現　在　育英大学教育学部教授，社会福祉士，介護福祉士，介護支援専門員。
　主　著　『保育士のための社会福祉』（編著，大学図書出版），『保育士のための養護原理』（共著，大学図書出版），『保育士のための養護内容』（共著，大学図書出版），『子どもの生活を支える社会的養護』（編著，ミネルヴァ書房），『子どもの生活を支える社会的養護内容』（編著，ミネルヴァ書房），『子どもの生活を支える家庭支援論』（編著，ミネルヴァ書房），『保育の今を問う児童家庭福祉』（共著，ミネルヴァ書房），『保育の今を問う保育相談支援』（共著，ミネルヴァ書房），『保育の基礎を学ぶ福祉施設実習』（編著，ミネルヴァ書房），『子どもの生活を支える社会福祉』（編著，ミネルヴァ書房）。

子どもの生活を支える
相談援助

| 2015年4月20日 | 初版第1刷発行 | 〈検印省略〉 |
| 2021年3月30日 | 初版第5刷発行 | |

定価はカバーに
表示しています

編著者	田中　利則
	小野澤　　昇
	大塚　良一
発行者	杉田　啓三
印刷者	江戸　孝典

発行所　株式会社　ミネルヴァ書房
607-8494 京都市山科区日ノ岡堤谷町1
電話代表 075-581-5191
振替口座 01020-0-8076

© 田中・小野澤・大塚, 2015　共同印刷工業・新生製本

ISBN978-4-623-07284-2
Printed in Japan

大塚良一・小野澤　昇・田中利則編著
子どもの生活を支える社会福祉　　　　　Ａ５判・220頁・本体2,400円

馬場茂樹監修／和田光一・横倉　聡・田中利則編著
保育の今を問う児童家庭福祉　　　　　　Ａ５判・262頁・本体2,800円

福田公教・山縣文治編著
児童家庭福祉［第5版］　　　　　　　　Ａ５判・192頁・本体1,800円

和田光一監修／田中利則・横倉　聡編著
保育の今を問う保育相談支援　　　　　　Ａ５判・268頁・本体2,600円

小野澤　昇・田中利則・大塚良一編著
子どもの生活を支える社会的養護　　　　Ａ５判・280頁・本体2,500円

山縣文治・林　浩康編
よくわかる社会的養護［第2版］　　　　Ｂ５判・220頁・本体2,500円

小野澤　昇・田中利則・大塚良一編著
子どもの生活を支える社会的養護内容　　Ａ５判・280頁・本体2,600円

小木曽　宏・宮本秀樹・鈴木崇之編
よくわかる社会的養護内容［第3版］　　Ｂ５判・250頁・本体2,400円

小野澤　昇・田中利則・大塚良一編著
子どもの生活を支える家庭支援論　　　　Ａ５判・302頁・本体2,700円

小野澤　昇・田中利則・大塚良一編著
保育の基礎を学ぶ福祉施設実習　　　　　Ａ５判・294頁・本体2,600円

──── ミネルヴァ書房 ────
https://www.minervashobo.co.jp/